底层逻辑

敬　梓◎编著

中国华侨出版社
·北京·

图书在版编目（CIP）数据

底层逻辑 / 敬梓编著 . -- 北京 : 中国华侨出版社 ,
2025. 9

ISBN 978-7-5113-9086-8

Ⅰ . ①底⋯ Ⅱ . ①敬⋯ Ⅲ . ①成功心理—通俗读物
Ⅳ . ① B848.4-49

中国国家版本馆 CIP 数据核字 (2023) 第 195054 号

底层逻辑

DICENG LUOJI

编　　著：敬　梓
责任编辑：刘晓静
经　　销：新华书店
开　　本：670 毫米 ×960 毫米　1/16 开　印张：12.25　字数：140 千字
印　　刷：环球东方（北京）印务有限公司印刷厂
版　　次：2025 年 9 月第 1 版
印　　次：2025 年 9 月第 1 次印刷
书　　号：ISBN 978-7-5113-9086-8
定　　价：49.80 元

中国华侨出版社　北京市朝阳区西坝河东里 77 号楼底商 5 号　邮编：100028
发行部：（010）64443051

前言

PREFACE

巴菲特说，要想彻底了解这个世界，有一个好办法：先把本领域的事情研究透，挖出其中的底层逻辑，只要你能做到这一步，就很容易搞定其他领域的事。这句话的意思是，如果你无法参透世界的运行规律，那是因为你对自己的领域悟得不透。只要你能挖掘到本领域的底层逻辑，你就可以窥见整个世界的真相。

通俗地说，底层逻辑是指不同事物之间的共同之处，“变化”背后不变的东西。还可以说，底层逻辑就是事物运作的基本规律，类似于老子所说的“道”，佛家所说的“智慧”。无论你从事哪项工作，只有看清楚事情背后的底层逻辑，洞悉事物的本质，才能把事情做对，取得事半功倍的效果。

无论我们从事哪一个行业，做什么事情，很多人只重视方法论的学习，一旦周围的环境出现任何变化，那些“方法论”就有可能不再适用。而底层逻辑是极富生命力的，无论外界环境如何变化，它都可以被运用到新的变化中，从而产生适应新环境的方法。所以，我们只有掌握了底层逻辑，才是真正地拥有智慧，掌握应对一切事物的方法。所以，我们不仅要知道学习努力的方法，更要懂得研究事情的底层逻辑，研究大环境运行的规律，从而获得智慧。

在现实生活中，很多人，尤其是大多数年轻人虽然很努力，但有时候总是收效甚微。很大一部分原因就是没弄明白事与事、事与物之间运行的底层逻辑，自然努力也难以用对地方，于是尽管付出很多，却又不得要领。缺乏思考和智慧的盲目努力，是一种自我消耗。本书是写给那些处于迷茫状态但又极有理想、抱负和野心的年轻人的人生指南。

本书以个体的生存与发展、人性、社交、思维、亲密关系等为出发点去展开内容，并全面、深入、系统地总结人生和事物发展的底层逻辑，让你打破自我思维限制，提升个人认知能力，从而让自己拥有更明智的行为和选择。

目录
CONTENTS

第一章 生存与发展的底层逻辑：对抗熵增

第二章 人性的底层逻辑：人性从来不是非黑即白的

第三章 社交的底层逻辑：渴望被人“看见”和被人接纳

思维的底层逻辑：我们是如何掉进自己的思维陷阱的

第五章

亲密关系的底层逻辑：足够的理解、尊重、支持和接纳

第一章
Chapter 1

生存与发展的底层逻辑：对抗熵增

熵增定律是一切事物发展的底层逻辑。大到宇宙、人类社会，小到国家、企业组织的发展演化，再到我们个体的生存和发展等，都遵循熵增定律，可以说，熵增定律是一切事物发展的底层逻辑，包括我们个人的生存和发展。

著名的物理学家埃尔温·薛定谔说："人活着就要对抗熵增定律，生命以负熵为生。"亚马逊 CEO 贝索斯说："我们要反抗熵。"可见，我们每个人的生命要想获得好的生存状态，就必须不断从外界摄取能量，来对抗熵增，维持自己低熵的状态。生活中，我们不断地阅读、学习、工作、运动，都是在对抗熵增，这些事情虽然会令我们痛苦，但对我们的长期生存和发展却是有益的。正如 M. 斯科特·派克在其著作《少有人走的路》里所说："因为所有的事物都在向着无规律、无序和混乱的方向发展，如果你要变得自律，你就得逆着熵增做功，这个过程会非常痛苦。"所以，我们要想获得更好的生存状态，就要规范自己的行为，以自律的生活方式对抗熵增。

人类进化的过程，就是熵减的过程

我们整个人类进化的底层逻辑，就是在不断地做熵减，或者说，不断地通过对抗熵增来获得生存。这里的“熵”，英文为Entropy，最早在1865年由德国物理学家克劳修斯提出，即一个系统中的无效能量，用以度量一个系统“内在的混乱程度”。熵减，具体指物质系统向有序化、组织化、复杂化状态变化的一种量度。相反地，熵增，就是物质系统向无序化、无组织、死亡化状态变化的一种量度。

我们的祖先是一种蛋白质和核糖核酸（RNA）的聚合体，科学家将它命名为LUCA，即“last universal common ancestor”，意思是“最后的共同祖先”，它大约生活在40亿年前海底的深海热液口附近。LUCA通过从外界吸收能量来大量复制，这是一个熵减的过程，但是问题来了，宇宙的熵总的来说是不断增加的，所以LUCA的熵减导致环境的急剧熵增。随着外界环境的不断恶化，LUCA 无奈只能进化，变得更高级以适应环境的变化，于是 DNA 聚合体便诞生了。DNA 比 RNA 更为稳定，也更为智能。这样一来，其消耗的能量会更大，吸收外界的物质也更多，从而导致环境的熵增比以往更大。所以 DNA 聚合体被逼着自己向单细胞演化，同样，在此过程中，外界环境的熵增再次增大，于是单细胞又开始向更高级的多细胞进化，于是寒武纪生命大爆发出现了。

外界环境不断地熵增，生命为了适应外界环境变化，为了获得更多的能量与物质，逐渐产生了各种感知能力，比如视觉、嗅觉、听觉，等等。从此，生命走上了更为智能的进化之路，这也是不断熵减的过程。因此，我们可以认为，整个生命的发展就是一部熵减的历史。生命的熵减过程，会加剧外界环境的熵增，于是环境会变得越来越恶劣，生命为了生存下去，为了获得足够多的能量与物质，必须变得越来越智能化……这也意味着，生命在熵减的过程中，一直在做三件事：

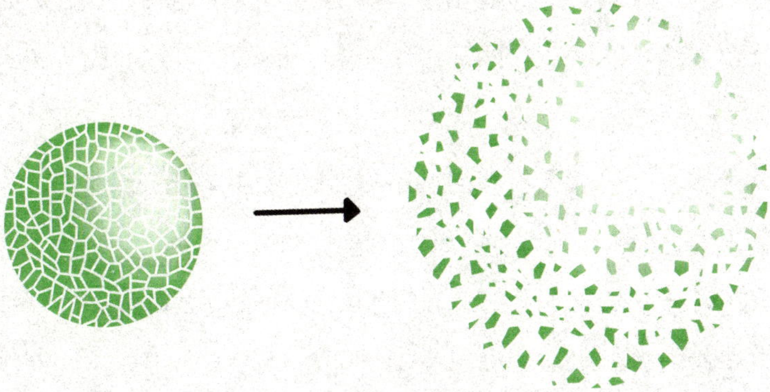

任何事物的发展，都是由“有序”到“无序”，这个过程叫“熵增”

其一，努力到外界去汲取能量，保持自身能量的充足。比如，从化学作用到光合作用 + 呼吸作用；从光合作用 + 呼吸作用的结合体再到多细胞生物……

其二，努力保持自身系统的开放。细胞从无法移动，到进化出游动能力、爬行能力、行走能力、飞行能力等，都是在保持自身系统的不断开放，更大可能地与外界保持接触。

其三，努力变得更为智能。生命为了花更少的能量来获取更多的物质和能量，不断进化出了感知能力、视觉能力和听觉能力，这样便能保证自己获得更多的外界的信息和能量，这也是为了减少熵的耗散……

可以说，人类不断地走向智能化是进化的必然。人类从单细胞生物进化成多细胞生物，一直到猿人、智人，直到今天的我们，这种智能化的过程也是必然的。也许有人会问：为什么生物非得需要智能化呢？难道外力做功和开放的系统还不够我们维持生命吗？那是因为生命在不断地熵减过程中，加剧了周围环境的熵增，也就是说，我们自身的进化是以周围的环境恶化为代价的。如果生命要继续在不断恶化的环境中生存，就需要更强的熵减能力，这种更强的熵减能力从何而来呢？显然光靠光合作用和呼吸作用，以及开放系统是远远不够的，还需要通过自身的不断变化，即变得更为聪明和智能来减少能量的耗散。

随着社会的不断发展，我们的生存环境也变得越来越艰难，为了生存，我们必须练就更为强大的生存能力。比如，从农耕时代到工业时代，到现在的互联网时代，再到人工智能时代……这

从猿到人的进化，就是熵减的过程

是我们今天的竞争压力越来越大的原因，也是社会越发达我们就会变得越焦虑的原因，因为外界环境不断地在熵增。对于我们人类来说，熵减的终极方向便是智能化，我们必须变得越来越智能，才能适应不断熵增的社会环境。

那么，身为当下的我们，如何才能让自己变得越来越智能化呢？关键在于要降低信息熵。所谓的信息熵，就是用来度量信息的不确定度或者说信息的混乱度，信息熵越大，不确定性就越大。当你能获得更多的信息，便会消除对人生和生活的一些不确定性，那自身产生的熵就会减少；而当你无法获得更多信息，自我认知有局限的时候，要完成一件事情，就需要付出更多的能量，便会产生更多的熵。这就好比一个学霸和学渣要完成同一套试卷，两者所使用的时间和能量一定是不同的：学霸可能一个小时就轻松完成了，学渣可能用三四个小时也不一定能做出来；学霸因为掌握了一些确定性的“信息”，所以付出的能量就少，产生的熵自然也就少，而学渣因为未掌握信息，自然做题就费力一些，付出的能量也就多，产生的熵自然也就多。这也是历来伟大的人物都重视学习，重视阅读的重要原因。正如查理·芒格所说：“我这辈子遇到的聪明人，没有不每天阅读的，没有，一个都没有。沃伦·巴菲特读书之多，我读书之多，可能会让你感到吃惊。”所以，我们要变得更为智能，就要最大限度地通过学习、阅读来获取确定性的“信息”。而智能的作用，就是从无序中发现有序，减少大量无故能量的耗散，实现生命的熵减，同时用来适应不断熵增的外界环境。

在当下的社会中，无论是一个组织还是个人，如果你想站在更高的维度上俯视世界，光努力和开放是不够的，你还要通过学习、阅读，最大限度地开阔眼界和提升自我认知能力，最大限度地降低信息熵（即依靠付出最小的能量产生更大的功效），达到四两拨千斤的效果，这也是让我们变得更为“智能”的必经之路。

社会发展的逻辑：通过革命，降低社会熵

“熵”的概念之所以备受一些科学家的推崇，是因为它不仅揭示了宇宙变化的规律、人类进化的规律，同时，人类社会领域的发展也符合这一规律。

回顾世界史，国家之间达成共识、建立秩序以后，就必须不断地付出努力和投入，才能保持未来的存续，这个共同的努力和投入就是熵减。回顾中国的封建王朝历史，也符合熵增定律。通过建立一个新王朝，然后王朝在熵增中衰败，接着又通过新的人群起来革命，再建立新王朝，循环往复。由于封建王朝自身没有熵减机制，只能通过不断地革命、不断地革新、变革来做熵减。比如秦朝的郡县制，用官僚政治取代了以往的血缘政治，大大加强了中央集权和国家的统一，有效防止了社会快速走向混乱的状态；隋朝的科举制度，彻底打破了血缘世袭关系和士族垄断，打通了社会阶层的流动，同时为国家选用了大批的人才，激活了社

会发展的活力，也进一步阻止了社会快速地走向混乱……这些都是封建王朝自身在做熵减，以维护自身的统治。一个封建王朝从创立到在革新中不断强大，再到衰败，都遵循熵增定律。纵观历史，中国每个封建王朝的灭亡，很多时候并不是被对手击垮的，而是由于自身内部的矛盾，比如大唐王朝也是因为后期政权腐败、赋税增多、土地兼并严重，致使民不聊生，才最终被推翻；宋朝灭亡是因为内部的冗兵、冗官、冗费不断地削弱国力，再加上南宋后期政权越来越腐败、赋税增多、劳役沉重、土地兼并现象极为严重，致使民不聊生，农民起义遍布了南宋的统治区，再加上外围势力的强大，致使其最终走向灭亡；清王朝是因为内部政权腐败，再加上统治者自大、封闭等，致使其在时代的风口失去了转向的能力……最坚固的堡垒往往都是从内部攻破的，这个内部的“罪魁祸首”，就是熵增。

在中国的封建历史中，出现过许多的变革，商鞅变法是其中影响极为深远的。在春秋霸业中，秦国一直偏处于西北一隅，在中原的征战中历来都不是主角。在战国初期，中原人看不起秦人，认为他们所生存的社会经济文化落后，政治影响力极低，而且国力贫弱。直到公元前 359 年，秦孝公招募贤良，有意励精图治。

商鞅来到秦国后，便开始向秦孝公进行游说。很快，秦孝公便被商鞅的变革理论吸引。但是，变法一开始便遭到了以甘龙、杜挚为首的保守派的反对，双方在朝堂上展开了论战。

从客观来讲，商鞅变法本身是一种社会熵减的过程，其间必将遭到阻碍和给社会带来某些伤痛。当时，甘龙、杜挚的主张也是有道理的，并非只要改革就一定是好的。当人民习惯了一种制度的时候，在短时间内对其做根本性的改变，会对社会造成巨大的损耗，给人民带来诸多不便，尤其是在交通、通信都不发达的古代，其影响更甚。所以“利不百，不变法；功不十，不易器”也并非毫无道理。但是，在那个大变革时代，商鞅的做法的确为扭转秦国的国力起到了极为关键的作用。

社会改革、推陈出新、淘汰机制等，都是对抗社会的熵增

公元前356年，秦孝公任商鞅为左庶长，开始实行第一次变法。那一次变法的核心是“法治”和“耕战”，其主要内容有：其一，改革户籍制度。强制要求成年男子分家，推行小家庭制。据史料记载，明确家中如果有两个以上成年男子不分家的，就要使他们的赋税加倍。其目的就是要制造更多的为国家承担兵役和徭役的户口单位。这条同样与儒家所倡导的大家族礼法的宗法相违背，到曹魏的时候，朝廷便废除了这种“异子之科”，规定如果父亲不允许的话，儿子便不能分家单过。其二，连坐和告奸制度。就是将民户按什伍编制起来，五家为伍，十家为什，要他们相互监视，纠举“奸人”，隐藏不报者连坐。告奸者与斩敌首者同赏，匿奸者与降敌者同罚，不告奸者腰斩。这也是商鞅为防止和打击民众反抗活动而采取的

措施，这一举措是为了整治社会内部的秩序，属于典型的熵减行为。其三，发展生产。奖励耕织、重农抑商。据史料记载，“复”就是免除徭役，即奖励农业劳动模范，以农为本。经商者及因懒惰致贫者，都要将他们和他们的妻子儿女送进官府做奴隶，以此来驱使人民都只从事耕织本业，并杜绝人力、物力等资源的浪费。其四，奖励军功和禁止私斗。商鞅通过奖励军功和禁止私斗来锻造一支战无不胜的强悍秦军。据史料记载，对于血缘上是宗室的子弟，如果没有军功，其名字也不能写进皇亲国戚的花名册中，相当于取消其宗室的身份。其目的在于建立功绩制社会，一切的社会待遇和生活享受，包括占有土地和房屋大小、衣着等级、役使奴仆的多寡等，都只根据所处爵位来确定。社会上的富商和大地主再怎么有势，也不能越过爵位制度享受高等级的待遇。他的这项制度疏通了秦国社会阶层的流动，激活了秦人为国立功的积极性，有效地整治了国家的秩序，为建立强悍的秦军打下了制度基础。

上述种种，商鞅所变法的每一项内容，实际上都是在给秦国的社会做熵减，也正是这样的变革，使得秦国的国力开始变得强盛起来，最终经过几代秦人的努力，陆续灭掉其他诸侯国，一统天下。而由商鞅变法确立的体制在中国也延续了两千多年。

社会形态持续时间的长短，往往取决于统治者如何控制社会的熵增。欧洲历史上的熵减是什么？是文艺复兴和工业革命。比如英国，其在封建时期制定的《自由大宪章》，它对当时的王权、神权都作了限制，促进了先进生产力的发展，这些都是统治者控制社会熵增的有效形式。

根据熵增理论，在一个国度中，开放是维持国家稳定的前提。在一个极为封闭的社会，缺乏外界的负熵流入，按照熵增原理，社会也必然走向无序，极度的无序便有可能引起社会的变革。身为政府，为了维护自身的统治，必须想方设法来降低社会的熵。比如制定极为严格的法律，通过法律使社会变得有序，也就能以降低社会熵的方式，延长自己的执政时间。

另外，中国古代的一些学说能被统治者采用，也是因为它能有效地降低社会熵。比如法家的“以法治国、锐意改革”是通过法治的形式，让社会变得更有秩序。儒家所倡导的“仁、义、礼、智、信”就是为了找回或者重建社会的秩序感，降低社会熵。孔子作为儒家的代表人物，其一生最核心的追求便是秩序。孔子曰：“八佾舞于庭，是可忍也，孰不可忍也？”这体现的是孔子以礼规范君臣和官民行为的思想，旨在让每个人都各在其位，做自己该做的事情。在他看来，每个人都应该守好自己的本分，整个社会就能回归到良性的秩序中。这也是孔子一生奋斗的核心目标。孔子的“克己复礼”，其实也是希望我们每个人都能从内在找准自己的位置，对外按照规矩行事。儒家强调的文明实际上体现的就是“差序格局”，即人人都按秩序找准自己的位置，这样整体社会才有秩序，但秩序是有差别的秩序。从这一点说，儒家抓住了人类社会发展的最根本，即秩序和规范，这是生命的意义，也是个人幸福感的源泉。

生命就是一场不断抵抗熵增的旅程

熵增定律告诉我们，一个封闭系统在无外力做功的条件下，终将归于消亡。这也意味着，任何一个系统，只要满足两个条件——封闭性与无外力维持，它便会趋于混乱与无序，然后逐渐走向消亡。要想延长系统消亡的时间，就必须打破这两个条件，通过熵减来实现。

首先，什么才是封闭的系统？实际上，不与外界环境、物质、能量和信息交换的系统都称为封闭式系统，一个封闭的系统走向混乱、无目的，以及怠惰状态。熵增的第二个条件，即外力维持，指系统外有新的能量进来维持。这也意味着，在一个封闭的系统中，如若无外力来维持，那么这个系统就会一直处于熵增状态，直到整个系统崩溃、消亡。以上两个条件是系统熵增的基础。这就好比一个人的大脑，若将一个人关在封闭的房间里，将他与外界完全隔绝，那么这个人就会出现“熵增”的状态，比如会变得无知、愚蠢，毫无生活目标，开始变得怠惰……再如，一个运行良好的企业，如果内部是封闭的，即没有新员工的加入，老员工也不学习，不参与任何职业培训，企业内部的制度或文化也没有任何革新，也不参与市场竞争，那么这个企业就会一直处于熵增状态，内部员工思想开始变得守旧，开始人浮于事，企业的内部也会逐渐开始变得混乱不堪，慢慢地，企业也会走向衰落，直到被市场淘汰。所以，对于一个系统来说，要想维持其消亡的时间，就必须打破这两个条件，即将系统处于开放的状态，同时源源不断地增加外界能量的进入，以通过熵减来实现。

实际上，生命过程就是朝着熵增的方向变化的，而生命本身的意义就是一场不断抵抗熵增的旅程。我们每一个生命个体最终都将走向衰老、死亡，再被自然界降解，从有序到无序，这与熵增原理是一致的。但个体的生命过程还存在发育、分化、成长的阶段，生命系统也是由简单到复杂、由低等向高等进化的，生物机体内部总是维持着高度的结构有序，体内的各种生化反应都定时、定位、定量地发生，受到严格的控制。正如薛定谔在其著作《生命是什么》中所说：“熵增过程必

健康饮食，锻炼身体，都是在抵抗身体的熵增

然体现在生命体系当中。而当生命的孤立系统处于均匀一致的环境中时，其中的运动最终会趋于静止，温度趋于均匀一致，化学反应最终也会停止，也就达到了熵的最大化，生命也就终止了。”这也意味着，生命体系中的熵也是不断增大的，也只能是从有序向无序发展。但是生命体系则打破了熵增的条件，即通过开放和向外界寻求能量来抵抗自身的熵增，最为典型的就是进食行为，我们从食物中汲取了“负熵”来维持生命的有序，即“新陈代谢的实质就是及时全部消除有机体无时无刻不产生的全部负熵”。用通俗的话来说，新陈代谢的实质就是生命体汲取低熵、排出高熵物质的过程。我们身体所摄取的多糖、蛋白质分子结构的排列是非常有规则的，是严格有序的低熵物质，而其排泄物（二氧化碳、尿、汗等）却是相对无序的，这样就等于我们以进食的方式在人体中引入了负熵流，使身体系统的熵减少。当身体系统的总熵值相对较低时，生命则处于生长、发育的阶段，向着更为高级有序的结构迈进。当熵值稍大一些时，生命体则维持在一个稳定、成熟的状态，而熵值再变大一些时，疾病、衰老则找上门来了。疾病和衰老可以看作生命体短期和局部的熵的增加，从而引起正常生理功能的失调和无序；治疗则是通过外部力量，比如药物、手术、饮食、保健等干预机体，促进吸收低熵、排出高熵。

在课堂上，老师给学生做了这样一个小游戏：

老师在黑板上画了一个圈，紧接着便在圈中画了一个人，然后又在圈中加上了一座房子、一辆汽车和一些朋友。

然后老师对同学们说：“这是你的舒适区，这个圆圈里面的东西对你至关重要，你的住房、家人、朋友，还有你的工作，在这个圆圈里面，你会觉得很自在、安全，因为这里面没有危险也没有争端。”

“现在，课堂上谁能告诉我，当你跨出这个圈子后，会发生什么？”教室里瞬间鸦雀无声。

一位积极的学员站起来说：“会害怕。”另一位说：“会犯错。”

这时候老师微笑着说：“当你犯错误了，其结果是什么呢？”最初回答问题的那个学员大声地说：“我可能会从中学到东西。”

“是的，你会从错误中学到东西，当你离开舒适区后，你学到以前不知道的东西，你增长自己的见识，所以你会进步。如果你不离开这个圈子，你的熵值会不断增加，最后自己会越来越混乱，不知道未来要做什么。”老师回答说。

老师再次转向黑板，在原来那个圈子以外画了一个更大的圆，还加了一些新的东西，如更多的朋友、更大的房子等，接着又说道：

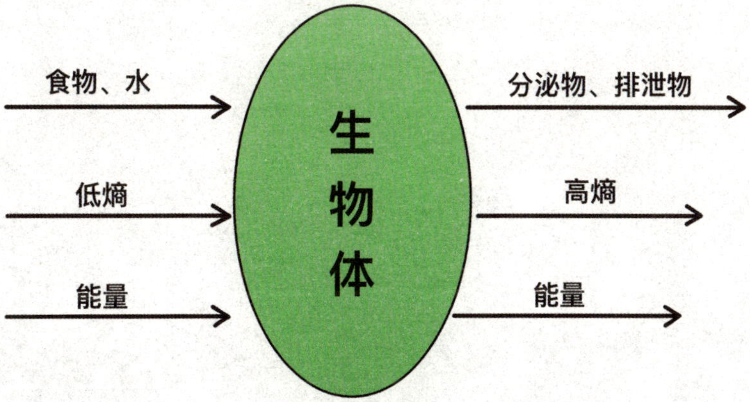

新陈代谢的实质就是生命体汲取低熵、排出高熵物质的过程

“如果你总是在自己的舒适区里打转，你将无法开阔自己的视野，永远无法学到新的东西，只有当你跨出舒适区以后，你才能使自己人生的圆圈变得更大，你才能不断地熵减，变成一个优秀的人。所以，如果你想变得更好，那么就不能任由自己随心所欲地放纵和发展，比如吃会让你变胖，玩会让你变穷等，最后一切都无序混乱了。在我们身边，这样的案例有很多，他们不知道如何下手，浑浑噩噩，得过且过，一辈子就这么浪费掉，最后熵值越来越大，丧失了控制自己生活的能力。”

老师的话告诉我们，生命的意义就在于不停地对抗“熵增”，只有少部分意志坚定的人才能做到自我管理，多数人是作息不规律、饮食不规律、学习不规律，从而让生命处于熵增状态，直到对健康和生活失去掌控权，陷入混乱状态。而从社会学的角度来说，生命也必须通过不断学习提升自我认知，通过交际增长见识等方式进行熵减，从而激发生命的活力，使自己保持竞争力，以便更好地生存。

人很容易懒散，因为这符合熵增定律

熵增定律告诉我们：事物总是会向着熵增的方向发展，所以一切符合熵增的，都会让人感到极为容易和舒适，因为你无须去借用外力。比如懒散，躺在床上刷短视频比看书显得舒服和容易，是因为躺在床上刷短视频符合熵增定律，你只管顺着生命发展的无序和混乱方向行进，无须做出什么努力。而阅读则能增长你的见识、培养你的思维力，使你重拾对生活的掌控权，使人生向有序方向发展，所以它是一种熵减行为，而比起躺在床上的懒散行为，阅读会给人带来不适感。同样地，我们享用食物后躺下来会感到舒适，但出去跑步、锻炼则会让人感到难受，原因是后者也是一种熵减行为，能让你身体内部细胞处于有序状态，从而保持健康。为此，我们也可以说，一切能为你带来不适感的活动都是熵减行为。

美国作家 M. 斯科特 · 派克曾说："因为所有的事情都在向着无规律、向着无序和混乱发展，如果你要变得自律，你就得逆着

我们通过读书、旅行、交际等方式来增长自我见识，这是通过降低自己的信息熵而获得更好的生存条件

熵增做功，这个过程会非常痛苦。”实际上，自律本身就是熵减的行为，这个过程会让人一时感到难受，但从长久来看，它能让你重拾对生活和自我人生的掌控权，而不是在懒散和浑浑噩噩中让生活处于熵增状态，变得无序和杂乱。

某大学六人间宿舍里，有一个女孩叫刘青。她长相一般，但爱笑，看上去对什么事情都淡淡的，不争不抢，也不爱出风头。半年下来，这个看似文静恬淡的女孩，却和班里的每一位同学的关系都不错，连那些在课堂上经常被忽略的人，或者是个性高调却又有些倔强的人，也都与她有不错的私交。当然，在宿舍里，她也是大家公认的“老好人”，与每个人的关系都似乎很亲密。

最让人称赞的是，她有着极强的自律性。她从入大学的第一天起，无论风吹雨打，无论有没有课、有没有作业，她每天早上6点钟都会准时起床，7点钟到图书馆，下午5点准时回宿舍或教室，晚上则会去学校社团。但老师布置的作业，她都会认真完成，从未见她懈怠过。

身边同学曾问过她，为何要过这种苦行僧般的生活？她笑着说：“在离开父母之前，我尚且可以依赖他们，靠一点小运气和小聪明活着。然而，现在离开家了，真正能让人走得远、走得快和走得踏实的，还得依靠自律和勤奋呀！”

长时间的自我约束，果然给她带来了诸多“好运”：第一学期结束，她的成绩全班第一，而且班里的学生包括班长都喜欢和她交谈，就连教授也喜欢她。整个大学四年结束，当大家都在苦恼毕业论文时，她已经顺利通过了毕业面试，找到了一份不错的工作。

刘青除了善于管理自己的生活，还有就是她无论取得怎样的成绩，领先别人多少，她身边的人都会真心地为她祝福，诚心地替她高兴。有句话说：“如果你只有一点点优秀，别人会嫉妒你；如果你非常优秀，别人只会羡慕你。”刘青通过自律，获得了对自我人生的掌控权。

当然，同刘青一个宿舍的还有另一个同学——张梅。她有着不错的家境，身材苗条，长相甜美，是班里很多男生倾慕的对象。在刚开学的第一天，她就嚷嚷着自己终于脱离了高考苦海，从此可以放肆地玩了。军训过后，她开始放肆地实施自己的“玩”计划了：熬夜刷剧，通宵打游戏，就是课间的零星时间，她也用来逛淘宝，周末也是约上好友去逛街。每周四下午的英语课，她总是想方设法逃避，不是在宿舍睡觉，就是和别班的同学一起去电影院。第一学期下来，她有三门课不及格，被老师叫去上补习班……可是，接下来的时间，她丝毫没有收敛自己的“玩心”，依然我行我素放肆地玩了四年时间，直到毕业前的一个学期，她因为多门功课不及格而被学校勒令退学……

也许我们每个人的身边都有刘青和张梅这样的人，他们差不多站在同一条起跑线上，就是因为一个怀揣着改变自我的心，而另一个过着毫无规划的放肆的生活，最终人生逐渐拉开了一道不可逾越的距离。刘青能变得优秀，在于她在长年累月的时光中，始终都在以自律的方式对抗熵增，牢牢将人生的掌控权握在自己手中。而张梅则放任自己，始终让自己处于舒服的状态，不付诸能量给人生做熵减，最终失去了对生活的掌控权，也让人生处于杂乱无章的糟糕状态。

很多时候，人与人之间的差距，表面上看是先天条件的差距，实际上是自我约束能力的差距；表面上看是财富的差距，实际上是自我努力程度的差距；表面上看是容貌的差距，实际上是对欲望节制能力的差距；表面上看是心态的差距，实际上是自控力强弱的差距……精英与平庸者之间，往往隔着为人生不断做“熵减”的差距。

熵增是人的惰性，随波逐流，终将泯然众人；熵减是逆水行舟，激流而上，困难重重！如果放任自流，也许当时是轻松享受，但是过后面对的将是个人无处可逃的死寂。所以，从今日起，建立秩序，避免混乱，养成有秩序的好习惯，避免无谓的自由散漫。

对抗熵增，创造秩序，能带来长久的幸福感

人类的进化与社会发展，其本质都是一个对抗熵增的过程。这个过程也是一个不断摄入能量、创造秩序的过程。我们的生命体在清醒时，多半时间都是在努力创造秩序。从大的方面来说，我们通过努力发现和探索新能源，是为了创造更有秩序的地球环境，让居住环境更宜人、更舒适；政府不断地出台法律、法规等约束人的一些不当行为，也是为了创造更有秩序、和谐的社会环境。从小的方面来说，建筑工地上的工人不停地劳作，就是将无序的钢筋混凝土变成整齐有序的房屋；我们每天去上班，创造经济价值，实际上就是通过消耗自我能量将秩序较低的原材料和信息转化为更有序的产品或服务；我们每天起床后用餐，就是通过从外界摄取能量，让生命体更有秩序，从而保持健康；我们每天收拾房间，打扫卫生，就是为了使自己的居住环境更有秩序；我们每天学习、

汲取新的知识，就是通过消耗自我能量让头脑中的信息变得更有逻辑、更有秩序、更有条理，从而使我们在面对某件事情时，更有把握地去处理。这些都能让我们时刻保持理性，遇事不慌乱，并遵循规律去创造更多有秩序的事物……这些创造秩序的过程固然是痛苦的，但它却能为人带来幸福感。我们一旦停止创造秩序，就会产生巨大的失落感和恐慌感，我们的情绪熵也会不断地增大，让我们痛苦不堪。这种失落感和恐慌感是生命体自带的，一旦生命体感受到一切都在走向无序，人就会丧失幸福感，进而逼迫自己继续创造秩序。

其实，在生活中，我们多数人都可能有类似的体验：一旦失业或停止工作，内心就会产生巨大的失落感和恐慌感；一旦我们的房间或办公室凌乱不堪、杂乱无章，心情就会异常糟糕；一旦停止学习，去刷短视频，我们就会感到无聊、空虚和寂寞，而一旦投入学习就会产生满足感和充实感……所以，对抗熵增，创造秩序，过程虽然辛苦，甚至还会让我们感到暂时的痛苦，但却能给我们带来更久的快乐和幸福。

放纵能带来短暂的欢愉，却让我们感受到长久的无聊、无趣和无味

在生活中，很多人觉得懒惰、散漫、安逸是在休息，是一种福气。实际上，这些“福气”意味着我们要停止创造秩序，停止与熵增对抗，最终带给

人的是无聊，是倦怠、消沉和空虚以及更久的痛苦。

有这样一个故事：

很久以前，一个人死后，发现自己来到了一个极为美妙的地方。那里有花园美景，有绝色美女，有令人眩晕的娱乐节目，还有享用不尽的美食。

这里的仆人告诉他说："从此之后，你就是这里的主人了，这里的东西你想吃什么就拿什么，想玩什么就玩什么，这里的一切你都可以自由地尽情享用。"这个人极为庆幸：生前自己日夜奔波、劳作，忙碌不已，盼望的不就是有一天能过上这样的日子吗？于是，他每天都浸泡在美色与美食之中，得到了前所未有的快乐。

就这样，日子一天天地过去，他发现美食不再那么可口了，游戏也越来越乏味了，那些曾经让他感觉天仙般美丽的女人们再也提不起他的兴趣了。他每天早晨醒来以后，也不知道如何打发时间，于是就对仆人说道："这样的生活真是太无聊了，真的太空虚了，我需要做一点事情，你能给我一份工作做吗？"

让他感到意外的是，这个要求被拒绝了。仆人说道："很是抱歉，这里没有工作可以给您做。"在沮丧之余，他愤怒地说道："这里真是太无聊了，早知道这样，您还是送我去地狱好了！"听了他的抱怨，仆人温和地对他说道："先生，您以为这里是什么地方呢？这里就是地狱啊！"

这个故事从侧面告诉我们，生命存在的意义在于通过做功创造秩序，对抗人生的熵增，人生的诸多幸福感皆源于此。

生活中，很多人会抱怨——活着好累啊，为何不能由着自己

创造秩序能让我们心情愉悦

的性子，想做什么就做什么，多么自由自在。可实际上，如果真的由着自己的性子，我们的生活就会一直处于熵增状态，最终感受到的只有无聊、痛苦和精神空虚。我们只有不停地创造秩序，对抗熵增，才能获得幸福和快乐。所以，真正的自由是建立在自律基础之上的，我们必须好好地掌控自己，让自己不断地创造秩序。

著名心理学家丹尼尔·卡尼曼在《思考，快与慢》一书中表示，幸福感背后有生理依据，它不是哲学，而是生命体本身具有的。当人创造秩序时，多巴胺便会起作用，这是人体自带的生理功能，服务于人类生存所需。创造秩序，感到快乐，是进化机制的自我选择。所以，对于个体来说，对抗人生的熵增，努力创造秩序感，就是在创造更久远的快乐和幸福。

熵减，是不断与自我弱点博弈的过程

对于个人来说，人生的熵增，多是因为我们自身的弱点所带来的。比如人都有避苦趋乐、趋利避害等特性，这些特性会让人们贪图安逸，躺在舒适圈难以自拔，这样就会导致心理和行为上的熵增，形成怠惰，所以，要对抗熵增，实际上就是不断地与自我的弱点博弈、作抗争。为何人散漫容易，专注却很难？为何打破一个好习惯很容易，而养成一个好习惯却很难？为什么刷手机很容易，坚持阅读却很难？为什么大吃大喝感到舒服，坚持健身却很难？都是因为前者是自身的弱点使然，前者带给我们的是暂时的欢愉感，但这种短暂的欢愉其实是一种变相的沉沦，带来的却是思维的迟钝、身体的病痛和心灵的荒芜。而要避免出现以上糟糕的结果，我们就必须约束自己，收敛和改掉毫无节制的放纵行为，凭借强大的意志力与坚持，去制定一套属于自己的做事原则，去建立稳定且有规律的生活节奏和秩序，给人生做熵减。只有这样，才能让自己在面对挫折、困难、失望甚至绝望时，能够有所依靠，支撑着你去正面思考和解决问题，获得人生更多的主动权和选择权。

晓梅是一个新媒体行业中的自由职业者，每日以码字为生，至今已经有五个年头了。当初她从外企辞职，立志要做自由职业者时，很多人觉得她太不理智了。好好的外企主管，工作稳定，赚得又不少，却突然到一个自己所不熟悉的行业中去。面对周围朋友的质疑和不解，晓梅有自己的理由：在外企已经待了十几个年头，以她的资历和能力，不可能再往上升迁了，这也意味着自己的职业生涯已经走到了尽头。与其让自己待在舒适圈中消磨时间，不如趁早离开，去开拓人生新的可能性。当时的晓梅也知道自己的未来充满了各种不确定，她也为此感到恐慌和焦虑过，但最终促使她下决心的是她对写作的热爱。她自小就有想用文字表达的强烈意愿，而且上学期间她的作文还得过大奖。后来，她又从周围同学那里了解自媒体行业后，便决定辞掉工作，开始以码字为生。

自律是一种自我约束能力

刚开始的几年，境况确实不太好，但是后来情况渐渐好了起来，直到如今，她的公众号已经有十几万的粉丝了，获得的收入也让同龄人羡慕不已。

那次，她约着一群朋友一起到郊外游玩，但她依然按照在家时的习惯，躺着读半小时的书，并且一一列出第二天要写的文章主题，还有提前修好该放的图片；第二天一大早大家还在睡梦中，她就起身去郊外的公路上坚持跑步，然后回到室内在电脑前敲出一篇文章来；每天吃的饭菜定量，绝不暴饮暴食。

周围的朋友劝她说："既然出来玩，何必要继续过那种'苦行僧'式的生活？你为何不让自己放松一下，还非要坚持每天按时按点早起的清苦生活？偶尔偷一下懒，又不是罪。"

晓梅说："我能够做自由职业者，并且能将它做得好，主要依靠的是不断与自我惰性作抗争的毅力。每天保持这样的生活状态，合理安排好时间，充分利用每一分钟时间并不算清苦，因为规律的作息时间和日常安排，能让我戒掉不必要的情绪和在其他无关紧要的琐事上的消磨。要知道，人都是有惰性的，一旦某个环节松弛下来，很容易就会被诱惑侵蚀，今天因为出来玩就放弃读书，明天也能找到另外的理由推托，要是不坚持，下一次、下下次的逃避也会变成自然而然的事……"

人生就是一场与熵增的较量

熵减就是一个不断与自我弱点博弈的过程，其中你需要不断与自我的懒惰、倦怠作斗争，不断地逼迫自己走出舒适区，过程虽然很痛苦，但结果却是光明和美好的。实际上，很多人庸庸碌碌一生，生活是在哪一刻失去平衡的，人生究竟是什么时候失去控制的，就是在你对时间失去控制权的时候，就是放弃给人生做熵减的时候。如果你无法在规定的时间内有效地完成工作，无法按照规定的时间执行自己的计划，就会感到焦虑不安；如果你不能达到自己的目标或实现某些愿望，就会感到悲观失望；如果你的生活节奏被打乱，就会变得抓狂。

生活中，我们总是羡慕那些活得洒脱、自由的人，而自己每天一觉醒来，就感到心力交瘁，倍感压力，做事也总是瞻前顾后，活得很累，整个人似乎被什么束缚一般。实际上，束缚你的正是你对生活失控后的无力和无奈。而那些活得洒脱的人，就是在一次次地战胜自我弱点后，对自我主宰的生活和人生有着清晰明了的美好预期。

提升个人认知能力，降低信息熵

有一句话说，一个人一生都在为自己的认知埋单。这里的认知能力是指人脑加工、储存和提取信息的能力，即人们对事物的构成、性能与他物的关系、发展的动力、发展方向以及基本规律的把握能力。可以说，人的认知能力在很大程度上决定着其生存状态。从本质上说，我们不断地提升个人的认知能力，获得更多“确定性”的信息，就是在降低信息熵。

降低信息熵，就必须将“自我”这个系统全方位地开放，靠学习、靠增长见识来进化我们的思维和认知，时刻地更新自己，这是在给我们的认知做熵减。

那么，作为一个个体，我们具体应该怎么做，才能不断地提升认知能力来降低信息熵呢？

1. 参与社交

生活中，参与社交活动尤其是要去跟比你认知水平高的人建立连接，了解他们处理事情时的思维和行事方式，进而不断地优化我们的思维。

2. 主动阅读

阅读经典、优秀的书籍，可以开阔我们的视野，增长我们的见识，这是对抗信息熵增的一个好方法。

3. 主动输出

输出即指同他人分享我们的知识、见解等。将个人的知识写下来或者讲给别人听，每一次的输出反馈，都是对自己认知系统的一次重新归纳和整理，都会让我们对那些模棱两可的知识或思维方式再一次进行加工、整理，使它们变得更加清晰和有条理。

最后要注意的一点是，做任何事情都不要闭门造车，断绝与外界的交流。闭门造车看起来很努力，但是它在本质上会无限地

信息熵很高，做成一件事情的代价就会极大

增大你的信息熵，这样的结果很可能是出不了结果，反而还会陷入无限的自我思维折磨中。所以，生活中，我们要及时去观照一下自己，我们的行为、思考、认知，是处于负熵状态，还是处于熵增状态。

时刻要保持一颗归零的心态，随时抛弃自己已有的成就，不断抛弃自己固有的思维，保持开放，这是有效减少个人信息熵的方法。生活从来不会眷顾因循守旧、满足现状以及总是爱待在舒适圈中安心享受的人，而会将更多的机遇留给勇于和善于改革创新的人们。在新一轮全球产业增长面前，唯改革者进，唯创新者强，唯改革创新者胜。

以“成长型思维”替代“固定型思维”

要想使个体不断地熵减，就要以“成长型思维”替代“固定型思维”。这两种思维方式是美国斯坦福大学著名的行为心理学家卡罗尔·德韦克提出的，他经过多年的研究，将个体的思维模型划分为固定型思维模式与成长型思维模式。拥有成长型思维模式的人认为，任何能力和技能，都可以通过后天努力而得到发展。所以，他们更乐于接受挑战，并且积极提升自己的能力和技能。因此，具备成长型思维的人会更加坚韧，他们认为遇到的挑战可以帮助自己学习和成长。挑战越大也就意味着成长的空间越大，即使挑战失败了也不会轻易否定自己，而是从过程中寻找存在的问题，不断改进。拥有这种思维的人，正是通过积极的改变和突破，为人生做熵减，从而去发掘人生的多种可能性。而固定型思维模式的人认为，人的特质和能力都是天生的，后天无法改变。他们往往害怕失败，更为重视外界对自己的评价，尤其担心自己被嘲笑和否定，通常拒绝接受挑战。因此，他们的发展空间会受到很大限制，只会去做自己擅长的事情。虽然他们也知道努力会带来成功，但往往选择忽略这种可能性，因为害怕努力了但依然失败的结果。固守着这样的思维，人生充满消极、悲观，遇到困难不敢轻易去突破和改变，使人生不断呈现熵增，进而被淘汰。

下表是固定型思维与成长型思维的各种表现：

情况	固定型思维	成长型思维
对待挑战	避免挑战，以维持聪明的形象	由于渴望学习而去迎接挑战
对待障碍	遇到障碍与挫折时，通常的反应是放弃	遇到障碍与挫折时，通常的反应是展现出百折不挠的精神
对待努力	尝试与付出努力被视为否定性的行为；如果你必须尝试，说明你不够聪明或不够有才华	艰苦奋斗，用努力为成功与成就铺平道路
对待批评	否定性的反馈，无论多么有建设性，都会被忽略	批评提供了重要反馈，能够对学习有所帮助
对待别人的成功	将别人的成功视为威胁，会引引发巨大的不安感及恐慌心理	别人的成功可能是灵感与教育的源泉

另外，我们需要知道的是，每个个体在人生的发展过程中会同时存在这两种思维模式，只是不同的人，这两种思维模式在大脑中所占的比例不一样而已。随着个体的成长，这两种思维模式也是处在一个不断动态变化、此消彼长的过程之中。通常情况下，这两种思维模式的差别在困难或逆境中最容易体现出来。固定型思维模式占主导地位的人，他们在遇到困难或逆境时通常会以“情感取向”来面对问题，通过逃避困难以保护自己的情感不受伤害。

学历是铜牌，能力是银牌，思维是王牌

比如，一个不善言辞、个性内向或胆子较小的人突然被叫去演讲，或者被老师叫起来回答问题，其第一反应多半是拒绝这件事情。我们看到幼儿园、小学课堂上老师问一个问题，很多小朋友会争先恐后地举手，而在高中课堂上则很少有同学主动举手回答问题。为什么多数个体随着年龄的增长，知识储备的增加而变得越来越消极或胆小了呢？这就跟其在成长过程中固定型思维模式开始占主导地位并支配自己的思想有很大的关系。如果我们个体在成长过程中，一遇到困难或问题就选择逃避，久而久之就会形成“习得性无助”。他们不敢正视困难，不敢向困难发起挑战，以至于错失很多自我成长的机会。

相反地，成长型思维占主导的人通常会采用“问题取向”来面对问题，他们通常会通过解决问题来消除眼前的痛苦。如果经常这样做，就会提高解决问题的能力，增强自信心，形成积极的思维和行为习惯，勇于挑战自我，以抵抗人生的熵增。

当然，在某些情境中成长型思维和固定型思维也是可以相互转化的，比如考试的时候遇到一道难题，一开始你会回避它，但是理智告诉你不能这样做，因为一旦这么做就会失去相应的分数，于是你会想办法解决这个难题，实在解决不了才会放弃。固定型思维模式占主导的人在后面答题的时候就会受到影响，会以悲观的态度应考，从而影响到整场考试的发挥；而成长型思维占主导的人则丝毫不会因为某道难题未答出来而影响后面试题的解答，他们会以积极的态度发挥出最佳的水平。所以，人在遇到困难或逆境时最容易启动固定型思维模式，同时这也是我们建立成长型思维的机会，那么，我们该如何培养成长型思维呢？

成长型思维都是从固定型思维转变而来的，卡罗尔·德韦克在其著作《终身成长》中明确了从固定型思维转变到成长型思维的四个步骤。

第一步，接受我们的固定型思维

我们要通过自我反思来找出自己有哪些表现是属于固定型思维，然后承认和接受自己确实存在这样的问题。

第二步，观察、明确是什么导致了固定型思维

一般来说，固定型思维的形成与自我的成长环境有密切的关系，我们要通过自我内心的观照，找出究竟是什么原因导致自己形成了固定型思维。只有明白了这一切，我们才能更好地消除它对我们的控制。

第三步，给自己的固定型思维取名字

在现实生活中，想想固定型思维是如何让我们思考、感受和采取行动的？这会给身边人带来什么影响？比如，你觉得自己的口才不好是天生的，这种固定型思维你就可以给它起名为“逃避成长的借口”，因为你觉得口才好应该是天生的，于是就会放弃提升自我口头表达能力的练习，很多年后，你依然没有进步，给他人自己都会带来诸多困扰。

第四步，通过积极的故事来启发自己

人格的核心其实是一个故事。这个故事浓缩了我们对整个人生的理解，成了我们独特的人生线索。当我们接受一个故事作为我们人生范本的时候，我们就接受了其中的隐含假设。你隐含的信念，是成长式还是僵化式，决定了你的人生路径。

以“流量思维”替代“存量思维”

躺在书桌上的一堆油画颜料，不会自动变成一幅美妙的油画，一定是因为有了某种外界能量交换，比如，你拿起了画笔，打开了颜料，开始画画，颜料才变成油画。这意味着，一个人只有在与外界交换能量后，才可能发生翻天覆地的变化，这样的人就是具有“流量思维”的人，而能将“流量思维”运用在日常的行为中，则是熵减。相反，则表现为“存量思维”。在生活中，“存量思维”者通常有这样的表现，比如有了一笔钱，他宁愿把钱存起来，也不愿意投到学习上；相比换个更合适、更有前途的岗位或行业，他更愿意继续当下这份既安稳又舒适的工作；相比将自己看到的好文章、好书推荐出去，相比与那些优秀者深入交流，他更愿意不让别人知道自己的真实想法……拥有“存量思维”的人，更愿意固守在自己的狭小的世界中，不愿与外界作过多的交流或沟通，所以，其思维是僵化的、不灵活的。如此一来，人生的熵值就会不断地增大，危机也就会潜伏在四周。

依照“熵增定律”，熵是繁荣有序的反面。然而，从表面上看，繁荣有序是熵的隐性状态。因此，当我们看到繁荣有序的表象时，以为熵并不存在，但事实却恰恰相反，熵正在窥伺着我们。它不是不存在了，只是隐形存在罢了。这就要求我们在人生辉煌时刻，懂得居安思危。自古有“月盈则亏，水满则溢”的说法，任何事物在发展到高峰时刻，也就意味着内部的熵值开始增大的时候，这个时刻我们只有保持谨慎、清醒，不丧失理智，乘胜而上，方能延续辉煌。

玛丽是一家大型文化公司的插画设计师，为公司做出了诸多好的作品，深受领导的器重。在周围同学的眼中，她的工作体面、待遇好，每天都朝九晚五，让人很羡慕。玛丽自己也很开心，她自小就努力学习美工，并为此付出了诸多努力，才换来了如今的成果。

“流量思维”VS“存量思维”

可是，几年后，玛丽在同学群里宣布，自己被辞退了，她说是因为自己近几年都太懒了，总是“吃老本”，没有加强自身的学习，做出的作品毫无创意，所以丢掉了这份工作。这个消息在同学群里炸开了锅，大家都纷纷对她表示可惜，但大局已定，无力挽回。

在同学的印象里，玛丽一直是一个好学的人，记得她刚入职时对工作极为上心。有好几次，朋友约她吃饭，她都不参加，理由是她要加强学习，为创作找灵感。一开始大家以为她是开玩笑，毕竟很少有职场人会在下班后坚持打磨自己的技能。但玛丽始终觉得，要做好设计，必须以文化底蕴做支撑。

也正是因为她将自己的企业文化了解得比较透彻，所以由她设计的插画独具特色，极富创意。随着时间的流逝，玛丽开始膨胀了，觉得自己的水平在圈内已经做得不错了。她曾对朋友说："当我发现领导一次次地向我投来赞赏的目光时，我幼稚地以为公司插画师这个岗位非我莫属，我最牛，于是便开始投机取巧，不去学习新的东西，只靠'吃老本'，以为大家不会发现。公司新来了插画师，我也没有危机感，但没有对比就没有伤害。没有创新精神，靠'吃老本'的我注定输了。"

玛丽的问题，也是很多职场人的问题，即当取得一定的成就时，

思维是解读事物的起点，是行为产生的源头

便开始故步自封，死守“存量思维”，轻视“流量思维”，不再汲取新鲜的专业技能“养分”，那么“职场之花”也极难绽放太久。要知道，当你开始因为一点成绩而沾沾自喜，甚至自我膨胀时，便是人生熵增值开始变大之时。

当我们死守“存量思维”，轻视“流量思维”，终会带来“当下很美好，未来很糟糕”的结果，而这个结果往往不是一般人能够承受的。

“流量思维”意味着开放、接纳、交流、更新、变革、循环、汲取等，而“存量思维”则意味着封闭、固执、保守、停滞、消耗等，前者通过与外界进行能量的交换，通过不断地自我“更新”，成为更好的自己；而后者是在熵增中，自我没落。

以“终身学习”替代“不再探索”

要对抗人生的熵增，还需要树立“终身学习”的理念。在现实生活中，很多人一从学校毕业便彻底扔开书本、放弃学习，不再有好奇心和探索精神，以至于人生的“坎坷”不断，比如工作“瓶颈”、职业焦虑、中年危机等。实际上，这些所谓的人生“难题”，都是人生某个阶段的熵增，都是不学习带来的“困境”！所以，要对抗人生每个阶段的熵增，就必须树立“终身学习”的理念并采取行动。终身学习，意味着我们的人生系统是处于开放与循环状态的，我们能不断地排除头脑中的旧思想、旧观念、旧知识，进而不断地汲取新的精神营养和思想理念。

一些人将“终身学习”奉为自身的生活理念，学习对他们来说如同呼吸一般，他们通过每天的学习，将自己打造成一个开放的系统，并且用知识让人生产生复利效应。他们对于这个世界、对自我、对他人，都始终有着浓烈的好奇心，他们想要探索那些不懂的东西，想要解开那些难解的奥秘。无论是一场电影、一次旅行、一本杂志，还是一次对话，他们都能从中探索到新鲜的信息、知识或者智慧。他们就像一些敞开着口的容器，贪婪地吸取着来自外部世界的一切。而对于偶尔学习或从不学习者而言，人生的系统是封闭的，无力对抗熵增，人生当然也无法产生复利效应，他们对什么都没有好奇心，只是每天不断地重复，让自己过着按部就班的生活。实际上，学习和不学习的结果，短期内是看不出来的，但长期来看，却有着天壤之别。

今年刚 36 岁的刘惠是一家外企的高管，很多人觉得她能做到如此高的位置，应该有不俗的教育履历才对。实际上，刘惠毕业于国内一所普通大学，一开始拿的只是专科文凭。而她的人生之所以能逆袭，靠的就是不断地学习和思考，不断地突破自己的认知边界。

她曾对朋友说，每个人都有自己的认知边界，当一个新事物或新思想出现时，多数人的行为是防卫性的，他们会下意识地抗拒，并努力从自己过往的经历和经验中去维护自身的认知。但你却不知道，妨碍我们成长的，就是一直阻碍着我们的认知边界。这与一个人是否聪明、是否接受过良好的教育都毫无关系，更重要的是自身的思维方式，你是以接纳还是抗拒的心态来面对新事物的出现。比如，当一个新的工作任务布置下来，是你从来没有做过的事情，这时候很多人会想：为什么我要做它们？我从来没有尝试做过，手上还有许多其他的事去做，我不要接受它。而接纳思维的人则会换位思考，会对自己说：好了，又有一件具有挑战性的工作来了，这件事我从来没有做过，如果成功了，我的个人能力又可以提升一个台阶，我的个人价值也会得以提升……接下来，我开始不断地思考和论证，我该如何将这件事做得更为完美一些，我该如何安排和规划我的时间，什么时间可以达成任务？……就是这样的心态，才能让我在不断突破自我的同时提升自己。

另外，为了不断地突破自我的认知边界，刘惠也从不让自己在“舒适圈”待着。比如，刚毕业的时候，为了比同龄人多一些机会，她报考了英语班，每天早上坚持五点钟起床来学英语，这种状态她整整坚持了三年，才有了后来跳槽到外企的机会。另外，她还在工作之余，报考了各种管理班，不断地突破自己。在她看来，一个人在舒适圈待得太久，就会习惯于这种节奏，做事的方法、思考的模式。日复一日，也将不会有更多的发展。但是如果一个人，不断地突破自身认知，不断地扩大自身的认知边界，其潜力也将随着认知边界的扩大而越发广阔……

学习的本质就是做功，一个系统只有外力在做功，才会拥有源源不断的能量支持

学习最大的功效就是让人“无惧”，即通过提升自我认

知能力，让自己不再害怕、无助、焦虑、恐慌等，大大降低我们内在的“熵”。很多人在成年之后便停止了探索，他们停止了对这个世界，以及对自我的探索，他们只想走那条早已经明确的道路，过按部就班的生活。但却不知道，根据熵增定律，熵的阴影早已紧随其后，“中年危机”的到来只不过是时间问题罢了。

学习不仅可以突破自我认识边界，而且可以扩大一个人的视野、格局和对事物的看法或处理方法等。正如一个水杯一般，容积越大，可装的水就会越多。所以，在生活中，要成为一个强者，就要多看书，多思索，多去不同的地方旅行，完成更多不可能完成的任务，一点点地突破固有的思维，不断地打破自己的舒适区，才能“破而后立”。要知道，让自我思维延伸，让潜力变大，自我价值的提升就是一件水到渠成的事情。

实际上，人与人之间最大的竞争差异在于认知。我们只要突破思维障碍和思维边界，就能够变成不一样的人。所以，生活中，我们一定要花足够多的时间在学习和思考上。当然，要打通思维障碍和认知边界，还需要注意以下几个问题。

1. 要相信人是可以改变的，自己也可以变得更好

智慧都储存在每个人的心中，这世界上大多有成就之人，都有一番或痛苦或悲惨的折腾史，正是这些惨烈的折腾，唤醒了他们心中沉睡的智慧。当然，不折腾去思考，也有可能会达到这种效果，前提是你需要源源不断地给自己输入新的知识，这是思考

的基础。

2. 祛除情绪化，让自己的思考处于理性的状态

正确的思考，一定是非情绪化的，承认自己是无知的。很多时候，阻碍我们成为最好的自己的，始终是顽固而低劣的情绪化。这种情绪让我们产生恐惧，不敢相信自己会变得更好，不敢相信自己也会有超过预期的表现及能力。正是不良情绪，让我们深陷现实与思维的困境之中。所以，生活中，我们在思考的时候，一定要去除情绪化。

另外，生活中，我们千万不要把与人抬杠和胡搅蛮缠当成思考。真正有价值的思考，一定是摧毁自我思维中的障碍与边界，所以，不先承认自己的愚蠢，就不存在思考。

3. 必须勇于将自己“格式化”，即承认自己的无知与愚蠢，在成长过程中不要因为物质资源的匮乏而自我设限

生活中的弱者思维就是迫于生存环境的压迫，刻印在脑子里，形成的思维局限性。他们从不相信自己有什么能力，不敢想象自己也能有一番作为。承认自己有弱者的思维方式，然后去纠正它，像强者那样去思考。

4. 别让伪思考阻碍自己

在生活中，我们通常会将个人情绪化的对抗，曲解为思考本身。要知道，真正的有价值的思考是非情绪化的。

颠覆式的成长：多去新的领域尝试

要实现人生的熵减，要使我们的人生体系处于开放的状态，通过学习、探索未知、社交等方式，排除内在的“认知熵”，这就要求我们能始终保持好奇心，多去尝试人生未知的领域，不断地颠覆自我，实现跨越式的成长。

个人成长往往遵循的是S型的曲线，在刚开始的时候，会有极为漫长的平坦状态，而后则会如火箭般骤然升空，并最终在高位保持平衡。但这并不是颠覆式的成长。颠覆式的成长不仅仅是一次S型曲线的飞跃，它是很多次的飞跃，它要求我们在完成一次S型曲线的增长后，再进入第二条S型曲线，重新来过，不断地颠覆自我。

要知道，人都是有惰性的，一旦我们处于人生发展的某个阶段，其观念和思想就会趋向保守，因循守旧的习惯也自然养成，自我变革的动力就会变弱，一心想追求稳定，想要稳定的工作、稳定的住处，但正是我们所追求的“稳定”会限制自我潜力和自我发展。我们所追求的“稳定”生活体系，恰巧是在营造一种熵增的环境。一个人只有通过内部的自我改革和更新，才能永葆生命的活力。

林枫虽然毕业于一所普通的大学，参加工作后进了一家科技公司做销售，但他不甘心一直待在销售部，他要挖掘自己身上的潜能，于是，他至少进行过几次很大的颠覆式成长。

他先在销售部，从普通业务员做到销售部领导，后又到市场部，他亲自参与产品的宣传、广告投放等，不断地开拓市场，为公司的产品拓宽了渠道。之后，他又从公司辞职，自主创业，生意做得风生水起。但他每接任一项工作，都会竭尽所能地做到最好。同时，每一次颠覆式的成长，从来都不是一帆风顺的，每次都会遇到很多困难和阻碍，以及随之而来的孤独感和恐惧感，但得到的收获却是巨大的，他的人生也随之得到了极大的拓展。

挑战的本质就是与混乱性和无序性对抗，我们当前主动迎接的挑战越多，克服的困难越大，未来的生活才会更加有序，才能被我们掌控

颠覆式的成长意味着要勇于打破自我舒适区，勇于去尝试全新的领域，不断地拓展自我能力，去探索人生更多

的可能性。

一个人要远离平衡态，就要敢于不断地突破自己，尽可能多地拓展全新的领域，在自我颠覆中实现人生的熵减。

当然，要实现自我颠覆并不是一件容易的事情，这是因为当我们一旦达到S型曲线的上方平台，惰性便会产生。这个时候，或是某阶段职业生涯的巅峰期，或是某阶段自我发展的巅峰期，或是一个看起来非常不错的状态。然而，如果一旦在这个平衡态停滞，你便不再获得成长与进步，最终的结果就是熵增加剧。这个时候，我们要做的就是敢于在我们人生辉煌的时候保持清醒的头脑，敢于自我颠覆、自我挑战，从而实现人生的熵减。

第二章
Chapter 2

人性的底层逻辑：人性从来不是非黑即白的

人性的底层逻辑，是指人内心深处的思考方式与决策方式，它在一定程度上决定着人的外在行为和表现。这种逻辑是由人的生存本能和社会经验所塑造的。在人类漫长的进化过程中，这种逻辑帮助人类适应了各种环境与生存挑战。长期复杂而多变的生存环境，也造就了人性的复杂性，它从来不是非黑即白的。但人性也是简单的，通过心理学的研究，我们会发现人们心底真实而普遍的心理现象，而这便是本章所要讲的重要内容。

从众心理：服从群体是为了获得安全感

人性是由人类在漫长且复杂的环境中形成的，自远古时代至今，促使人类一切决策和行为的驱动力就是如何更好地生存下去。

在远古时代，个体的力量不足以保证自身最基本的生存，比如要狩猎获取食物、要对抗大自然突如其来的灾难等，都需要与其他个体抱团求生。依托群体的力量，人类才获得了最基本的生存权。也正是在群体中，个体的智慧和技能才能够迅速地传播并得到检验。于是，钻木取火、制作弓箭狩猎、制衣避寒、建造房屋等发明创造得以传播，使人类的生存环境得到进一步的改善。

在抱团求生的过程中，人类群体为了维持整个团体的向心力，在最初的阶段，资源分配相对公平，老人和小孩也能得到最基本的照顾。之后，为了不断地提升生存条件，群体开始有了分工，即根据个体的特性，被安排不同的职责。慢慢地，就出现了有人狩猎、有人采集的现象。这大大提升了群体的生存条件，所以，最初的配合与分工无疑是愉快的，慢慢地，那些能力强的个体就开始拥有最大的发言权以及资源的分配权。强者成为领袖，弱者服从强者也成为一种天经地义的事情。就是在依靠群体与强权的压制下，人类从众心理的底层逻辑就此形成。

对于个体来说，加入一个群体，尤其是加入一个人数较多的群体，是个体在远古时代的必然选择，也是人类这个物种在远古时代能战胜所有其他物种，成为食物链顶端生物的关键。人数越多的群体，意味着更多的食物、更安全的环境、更多的工具以及更强悍的权力。

美国著名心理学家马斯洛在他的需求层次理论中将生理需求以及安全需求放在第一位、第二位，在远古时代，恰恰也只有群体才能够满足这两个基本需求。但是，个体加入群体是要付出代价的，即个体要回馈这个群体，而要回馈这个群体，首先就要认同这个群体，而认同就代表着服从。一旦个体选择服从这个群体，也就代表着很多时候个体不能有太多自己的想法、自己的行动。刚开始，个体如果有其他想法，会将这些想法埋在心底，但随着时间的推移，当大家全都习惯了服从群体后，就真的不会产生其他想法

多数人选择随大溜，是为了获得安全感

了。尤其是，当一个群体有一个强有力的领导的时候，其他不符合组织需要的想法都是对领导者的潜在威胁。于是，那些能够公开表达不同意见或建议的个体，会被群体的领导者排斥甚至驱逐。所以，个体为了维持最基本的生存需求，为了尽可能地融入群体，必须在思想上服从群体。慢慢地，个体的意识也会被泯灭，进而形成了“从众心理”，即个体受到外界人群行为的影响，而在自己的知觉、判断、认识上表现出附和公众舆论或多数人的行为方式。可以说，从众心理是人类为保证自身的生存安全而向群体妥协的产物。

在现实生活中，很多人处理事情首先使用的就是从众思维模式。因为这种思维能够给人带来安全感，而使自己不会感到孤独。而且，很多时候按照大家公认的态度和方法来处理问题，是比较安全和保险的。如果这件事情处理得很好，自然脸上有光；如果处理得不好，也可以用“多数人是这样处理的”这样的借口来宽慰自己。

其实，这种“随大溜”的现象，在每个人身上都曾经发生过。在现实生活中，很多时候，甚至可以说是大多数时候，人们怎么说、怎么做往往会参照大多数人怎么说、怎么做。比如顺应风俗、追赶潮流等。

在《乌合之众》中，勒庞提出了“群体是盲从的”观点，即在群体中，个人的才智与个性被削弱，群体往往会表现出冲动、急躁、缺乏长远打算、情绪夸张与单纯、轻信、易受暗示的特点。这一现象在经济学上被描述为“羊群效应”，羊群是一种极为散乱的群组织，可一旦有一头羊跟着动起来，其他的羊就会不假思索地一哄而上，全然不会顾及前面可能有狼或者不远处有更好的草。“羊群效应”就是人们从众行为的结果。

克服从众心理，就要学会理性思考

“羊群”式的盲从经常发生在金融市场，经验不足的投资者很容易一味听信所谓的专家、权威人士以及内部消息，盲目去仿效别人。即便他们获悉的判断和信息是理性的、准确的，如此大的“羊群”涌入，在放大效应和传染效应的作用下，也会打翻杠杆的平衡。比如在股票市场中，某只股票涨了很多倍，大家不断地吹泡沫，可不管吹泡沫的理由有多么滑稽可笑，依然有各种各样的人类个体前赴后继，冲向这个泡沫。这不是愚蠢，而是人性的底层逻辑在支撑着他们的疯狂。

在过去人类进化的漫长时间里，从众心理已经被人类证明了这是一种最行之有效的生存策略，要逆转它并不是一件容易的事情。而我们要做的就是在生活中，时时处处尽可能地保持清醒，不要盲目地跟随大众做出不理智的行为。

利己与自我保护，是人的本能反应

在漫长的进化过程中，无论外界环境如何变化，人类活动的一切目标就是要让自己存活下去。而要想存活下去，个体就要与同族群个体、族群就要与其他族群进行竞争，比如当野兽来临时，要竞争谁跑得更快；在食物匮乏时，就要比其他同类拥有更强壮的体力，以保证自己可以获得食物等，而这个竞争的过程也造就了人类的利己性。

关于人的这一特性，也可以在英国演化理论学者理查德·道金斯的《自私的基因》一书中找到佐证。该书十分详尽地论述了利己主义是个体基因的根本属性，人类基因也遵循这样的法则。因为在竞争的条件下，基因越自私就越能够将自己复制并延续下去，经过漫长的自然选择，那些最自私的基因也被传承了下来。而基因的自私性是通过它所操控的生物行为反映出来的。道金斯也是一个动物行为的研究专家，他通过研究许多生物（包括人类）

的行为，得出了这样一个结论：生物的行为总是有利于基因的复制。比如求偶行为、动物的残酷丛林法则、植物的向阳而生、细菌的疯狂复制等，其实都是为了尽可能多地将自己的基因复制下去。在道金斯看来，在残酷的资源竞争下，每个人的利己其实都是无意识的本能选择，是在基因操控下的结果；同时，因为基因的本性是自私的，我们会与自己的同类产生竞争关系，如果两个人的年龄相仿，在生死存亡的关头有可能会不顾对方的死活，以此来保全自己的生命。

不过在现代人类社会中，许多思想家批判利己主义思想，倡导利他的社会文化。我们无法否定“利己”是人性的本能之一这一事实。在文明高度发达的当下社会，承认一定程度的“利己”的正当性与合理性并不是一件可耻的事情，因为“利己”并非在

利他，是最高境界的利己

排斥“利他”。相反，随着现代科技和文明的发展，合作共赢已经成为时代主题，“利他”其实也是“利己”。

追求幸福和利益，是人的权利，也是从根本上推动整个社会发展和进步的驱动力。因此，我们在做事情的时候，尊重他人的利益与诉求，无疑会帮助我们达到自己的目标。正所谓“赠人玫瑰，手有余香”，多数时候，高明的人会通过“利他”而达到“利己”的目标，实现双赢。

在一栋楼里住着一位盲人，他每天晚上都会到楼下的花园去散步。不过，让人感到奇怪的是，他虽然只能顺着墙摸索，却一定要按亮楼道里的灯。

终于有一天，一位邻居忍不住，十分好奇地问道：“你的眼睛看不见，为何还要开灯呢？”盲人回答道：“开灯能给别人上下楼带来方便，也会给我带来方便。”邻居疑惑地问道：“开灯能给你带来什么方便呢？”盲人答道：“开灯后，上下楼的人都会看得清楚些，就不会把我撞倒了，这不就给我方便了吗？”邻居这才恍然大悟。

在当下的商业文明中，要想获得大的成功，都是要先“利他”，即让他人获得收益，这样才有更多的人愿意跟你合作，你的人气旺了，生意自然也就会更好。正如当下流行的一句话：“你想得到什么，首先应该考虑自己能给予别人什么？”这就是所谓的“先利他，后利己，利他才能利己”。

竞争优势效应：人人都希望自己比别人强

哈佛大学曾流行一句话："幸福或许不排名次，但成功必排名次。"可见，人人都爱争强好胜。为此，在心理学中有这样一种理念——"竞争优势效应"，即指在双方有共同利益的时候，人们往往会优先选择竞争，而不是选择对双方都有利的"合作"。对此，社会心理学家认为，人们与生俱来就有一种竞争的天性，每个人都希望自己比

人人都希望自己比别人强，
所以我们尽量要保持低调

别人强，每个人都不能容忍自己的对手比自己强。因此，人们在面对各种利益冲突的时候，往往会选择竞争，即便是拼个两败俱伤也在所不惜。

“希望自己比别人强”是人性的底层逻辑之一，这也是人类在长期的进化过程中，为了更好地生存而形成的个性特点。实际上，人类社会的发展史就是一部竞争史。自人类产生后，便开始与大自然展开竞争！有些人种数量比较小，很容易就被大自然淘汰，比如科学家发现弗洛里斯人很有可能就灭绝于一次大型火山爆发！“物竞天择，适者生存”，这是自然进化的法则，也是人类社会进化、进步的法则。如果没有竞争，人类社会就很难得到进步和发展，至少，进步和发展的速度将会很慢。这些客观的生存条件，决定了人性的竞争意识。

美国心理学家威廉·詹姆斯曾经做过这样一个实验：

他让参与实验的学生两两结合，但是不能商量，各自在纸上写下自己想得到的钱数。如果两个人的钱数之和刚好等于 100 或者小于 100，那么，两个人就可以得到自己写在纸上的钱数；如果两个人的钱数之和大于 100，比如说是 120，那么，他们俩就要分别付给心理学家 60 元。

结果如何呢？几乎没有哪一组的学生写下的钱数之和小于 100，结果，他们就都得付钱。

这个实验表明，争强好胜是每个人的天性，每个人与生俱来都有竞争意识，但是，竞争意识的强弱却决定你内在推动力的大小。

无可否认，强烈的竞争意识，具有强大的推动力功能，它能够极大地调动个人的积极性、创造性，发挥想象力，使人的科学技术和潜能得到全面、充分的发挥，从而使整个企业的竞争能力得到全面的提高。所以，我们个人要想较快地发展、取得成功，必须培养自己强烈的竞争意识。

当然，只有正当的竞争才能推动一个人和组织向良性的方向发展。所以，我们在培养自我竞争意识的过程中也要明白，竞争不应该是狭隘的、自私的，竞争者应该具有十分宽广的胸怀；竞争不应该是阴险和狡诈、暗中算计人的，而应是齐头并进，以实力超越；竞争不排除协作，没有良好的协作精神和集体观念，单枪匹马的强者是孤独的，也不容易取得真正的成功。要树立正确的竞争意识，首要的一点，就是要懂得培养你的竞争对手，同时要学会向其学习，汲取他们的长处，学会欣赏和理解他们，并对其心存感恩。

在商界曾流行这样一段话，颇具意味：如果没有麦当劳，肯德基的汉堡也不可能这么好吃；没有可口可乐，百事也不会如此壮大；没有狮子，羚羊永远也跑不快。真正激励一个人不断成功的，不是鲜花和掌声，不是亲朋的赞美，而是那些可以置人于绝路

有一种善良，叫作希望别人比自己好

的打击和挫折，以及那些一直想把你打败的对手，还有虎视眈眈的同行。这也正如一位哲人所说，任何的学习，都比不上一个人在与敌人较量的时候学得迅速、深刻和持久，因为它能使人更为深入地了解社会，接触社会现实，使个人得到提升与锻炼，从而为自己铺就一条成功之路。所以，从一定程度上说，我们还要去感激那些对手、敌人，正是因为他们，才加速了自己成功的步伐。如果你能以一颗宽容、感激的心态去对待你的对手，那么，你将不再是一个悲观消极的人，面对失败、挫折、苦难掩面而泣的人，你也会成为一位无往不胜的勇士。

马太效应：竞争中的壁垒效应

马太效应是指强者越强，弱者越弱的现象，它广泛存在于社会、教育、职场、金融等众多领域。在《新约·马太福音》中有："凡是有的还要加倍给他，让他富足；但凡没有的，连他所有的也要夺去。"在我国古代的《道德经》中也有："天之道，损有余而补不足。人之道则不然，损不足以奉有余。"其意思是说，自然界是均衡且统一的，比如昼夜交替和寒来暑往，始终呈现出一种平衡状态。可是人的生存却不是如此，往往是穷的越穷、富的越富，少数人掌握了多数人创造的财富。

在现实生活中，很多地方遵循马太效应。比如充满竞争的职场，初进职场的新人，建议一定要努力奋进，因为要想在职场竞争中胜出，就必须尽可能使你比别人更快地形成"积累优势"，让马太效应的积极作用发生在自己身上。例如，公司部门要办一场晚会，需要一个主持人，第一次担任主持人的员工，那么在下一年就有很大的机会再次成为主持人，因为领导认为“他有经验”，让他来做会更有把握，进而慢慢地形成积累优势，有可能会成为全公司晚会的主持人。再如，公司要启动一个新项目，新员工小君因为表现积极，尽职尽责，成为项目的主要负责人，最终项目取得了比较好的效果。那么下一次有新项目，小君再次成为项目负责人的机会就会更大。而那些没有做过项目的新员工，成为项目负责人的机会就会越来越小，机会和资源因为“马太效应”已经越来越向小君这样的员工集中。这就是马太效应在个人发展中的体现，无论是世界发展、企业发展还是个体发展，都遵循着这种“积累优势”的规律，强者越强，弱者越弱。在现实生活中，我们可以运用马太效应构建自身的竞争壁垒。

“马太效应”固然有积极的效应，但同时也存在负面效应，即一个企业或一个人可以通过积极进取，不断地积累优势，形成竞争壁垒；同时，如果这个企业或个人在发展的起始阶段没有目标、没有规划，在遇到机会时也表现得不够积极，那么，就容易陷入“马太效应”的负面循环，其所接触到的资源、平台和人脉

爱总是流向不缺爱的人那里，财富也更容易流向不缺财富的人那里

会越来越贫乏，局面会越来越局促并难以突破。在现实生活中，企业或个体积极与消极的表现会形成发展的剪刀差，假以时日就形成了职业生涯乃至人生成就的巨大差距。所以，我们要避免马太效应对自身职业和人生发展的负面影响，就需要急流勇进，不能躺平。只要世界还有竞争，弱者就很难获得优质资源的分配权，没有好资源就很难发展，而终将难逃被淘汰的命运。

人们所相信的，都是他们愿意相信的

趋利避害是人性的特点之一，也是人类许多行为产生的底层逻辑。所以，在现实中出现了这样一个现象：人们只相信自己愿意相信的，因为这是他们避免痛苦最快最有效的方式。这里说的有效，只是指有效地缓解情绪上的不快、痛苦等。换言之，人们为了逃避眼前出现的痛苦，会给残忍的事情真相穿上一层糖衣，编造一个虚幻的故事，让自己带着希望继续生活下去。所以，很多人是活在假象里的。大多数时候，我们所崇拜的偶像，是经媒体或者美好的故事渲染过的，是传说中的偶像，是经过我们的想象力美化过的，并不是偶像真实的样子；许多人对某种说法深信不疑，是因为这种说法给了他希望或者美好的愿景，所以，人们所相信的，都是他们愿意相信的。很多时候，我们所坚信的方法论，比如如何快速获得成功、如何快速减肥成功，都是经过文字、图像或者故事渲染过的，并不是切实有效的方法，而是因为它给我们提供了一种美好的想象，所以我们愿意去相信。在现实中，多数人所追求的并不是真理，而是各种情绪的抚慰，那些让我们感到平平淡淡的“现实”，多数人会一直充耳不闻。相反，那些能让大众产生美好幻想的传奇，却可以让大众疯狂和着迷。

“希望”是人能够乐观生活下去的驱动力

在亲密关系中，曾不断地在印证这样一句话：恋爱中的人智商为零。实际上，处于恋爱中的人的智商并没有降低，而是爱情的甜蜜让他们对爱人的一些行为都进行了自我合理化解读，这让他们看不清或者说不愿意去看清事实，从而失去了最基本的判断能力。毕竟，当一个人沉浸于甜蜜的恋爱中，他接受不了对方不爱自己的事实，这时候，自我合理化的保护机制就会起作用。而恰恰是这种机制，能减少他因绝望而产生的痛苦。我们只相信自己愿意相信的，这样就不会让自己太难过。事实上，这也让我们离真相越来越远，从而成为情绪的奴隶。

在商业活动中，企业家也通常会通过一些或有或无的富有传奇色彩的故事来进行营销活动。早年，海尔砸冰箱的故事如果没有被人疯传，那么，也许如今海尔的实力不会那么强大；如果没有雷军布道式地发布演讲，小米的粉丝也许不会像今天那么多，

人们总是对“虚幻”的传说津津乐道，而对客观的事实毫不关心

那么疯狂；锤子科技总裁罗永浩说：“为什么有这么多人会喜欢我们的发布会、关注度会这么高？无非就是故事讲得好。”如果褚时健的故事没能在网上流传，那么褚橙也许只是一种普通的水果，不会那么受人热捧……很多公司或产品的成功，靠的就是背后那个会讲故事的管理高手。很多时候，一个有影响力的故事能抵得上公司花费巨资做的营销广告活动。这些都进一步印证了，我们只要讲好一个故事，就能抚慰或激励人们的心灵，给他们带去希望，就可以大获成功。

多数时候，人们既不是活在假象里，也不是活在真相里，而是活在希望里，而一个好的故事，一定是能给人带来希望的。如果人一旦去面对现实，发现人生没有了希望，才是真正的绝望。

人生的意义，多数时候不是为了追求真相，而是在看透世界的真相后依然去热爱它。那些能够带领大家看到希望的人，就是这个世界真正的英雄。

路径依赖：你的终极命运取决于你最初的选择

回首往事时，不少人曾这样调侃自己：年龄增长了，阅历不见增加；体重上升了，智慧不见增多；脸上的皱纹平添了不少，然而自己大体未改，兜兜转转又回到了原点，人生似乎进入了死循环。为什么会这样呢？其实是因为我们选择了错误的起跑线，输在了人生的起点上，更可悲的是一步走错步步错，在惯性力量的推动下，我们好像踏上了一条不归路，会义无反顾地朝着错误的方向狂奔，这种心理被称为“路径依赖”。

路径依赖定律由荣获 1993 年诺贝尔经济学奖的道格拉斯·诺斯提出，它指的是你最初的选择决定最后的结果，人一旦做出选择，便会受到路径依赖心理的可怕影响，日后的步伐会沿着既定的路径前进，人生也会被锁定在某种状态，想成功脱身是非常困难的。

著名心理学家卡尔·荣格曾经指出，安全感是人的第一愿望。因为每个人降生在这个世界上并不是“主观意识”的选择，所以在潜意识层面与生俱来存在不安全感。在现实生活中，有人在不断地赚取钱财，看似是在追求财富，实则是在追求安全感；有人总是在寻觅能对自己好的人，看似在追求爱情，实际上是在追求“安全感”；有人会通过购买各种各样的保健品来确保健康，看似在养生，实则是在追求安全感。同样地，人们在选择职业或工作的时候，也会最大限度地追求安全感。这就是人一旦选择了一个行业或一个职位，时间一久，就很难再有勇气去换职业或换公司，因为那意味着风险和不安全感。为此，尽管人们意识到人生要想有所突破，就应该不断地去新的领域尝试，但多数人却宁愿在舒适区里待着，也不愿迈出去一步。这就是路径依赖形成的客观原因，也是人类避苦趋乐的本性所造成的。从心理学的角度来看，路径依赖可以被视为人类为了寻求满足和安全感的一种心理防御机制。

你毕业后从事的第一个行业，很可能是你一生所从事的行业

在现实中，路径依赖定律最经典的一个例子是有关美国

航天飞机火箭助推器的宽度，它的标准宽度十分接近铁轨的宽度四英尺又八点五英寸。那么这项标准是怎么来的呢？这还得从两千多年前欧洲交通史说起。古罗马人根据两匹马屁股的宽度设定了战车的宽度，其标准宽度就是四英尺又八点五英寸，后来英国人造马车的时候沿用了这一标准，起因是英国的长途老路几乎都是罗马人铺设的。电车和火车出现后，轮距和两条铁轨之间的距离依旧沿用了过去的标准。航天飞机被发明出来以后，由于两个配套的火箭助推器要靠火车运送，途中又要穿过隧道，隧道的宽度比火车轨道略宽，因此铁轨的宽度决定了火箭助推器的宽度。最后得出的结论是，两千多年前古罗马时期两匹马屁股的宽度决定了今天美国航天飞机火箭助推器的宽度，这是多么不可思议。路径依赖定律竟然可以超越时空，影响人类历史两千多年。

路径依赖定律既然可以影响人类两千多年，那么也可以影响我们整整一生。在现实生活中，被这一定律成全或被毁掉的例子比比皆是，所以我们一定要走好人生的第一步。路径依赖定律告诉我们，最初的选择规定了日后的固定跑道，也就是说，如果我们进入了良性循环的轨道，就可以不断使自身得到优化；反之，若是闯进了恶性循环的轨道，人生便陷入了解不开的死循环，所以我们在抉择时要慎之又慎。

戴尔电脑的创始人迈克尔·戴尔在分享品牌运作的成功商业模式和商业理念时，曾毫不隐讳地透露，戴尔电脑畅销的秘诀在于“直销模式”和“市场细分”，而这种运作模式早在他少年时期就已经在头脑中成型了。

12 岁那年，戴尔还是一个酷爱集邮的少年，他喜欢收集各种各样的邮票，然后把它们售卖给跟自己一样对其着迷的人。为了赚到更多的钱，他决定不再在拍卖会上公开售卖邮票，而是说服集邮者把邮票委托给他卖，随后他在刊物上登广告作宣传。那一次，他轻而易举地赚到了 2000 美元，由此他开始意识到抛弃中间人——拍卖会，直接跟买家接触，可以获得更多的利润，直销模式的理念就这样在他的头脑中孕育成型了。

上中学时，戴尔已经尝试做电脑生意了。他发现很多经营电脑生意的商家根本就不懂电脑，既没技术又不能为顾客提供合适的产品。于是他就果断地抛弃了中间商，自己购买零件组装电脑售卖，并根据顾客的需求提供不同功能的电脑，这样不仅节省了成本，使自己在定价方面具有了优势，而且升级了产品的品质和服务，对市场进行了细分，能满足不同客户的个性化需求，使得产品更加受欢迎。以后戴尔凭借着这种商业模式创业，一步步把企业做大，在不到 20 年的时间里，把自己的电脑变成了风靡全球的品牌，戴尔公司也一跃成为世界上最为知名的跨国公司之一。

迈克尔·戴尔能够在商业上取得成功，是因为最初选择的路径是正确的，所以路径依赖定律在他身上发挥的是正面效应的作用。我们在进行人生规划时，一定要选择正确的方向和定位，因为你的第一份工作将成为你事业的标杆，它对你的思维模式、眼界认知、经验积累都有着深远的影响，你只有选对了池塘，才能成为一条自由游弋的大鱼。

很多人在面临抉择，尤其是第一次选择时，会感到迷茫，不知道路在何方，总是抱有边尝试边探索的心态，结果选错了道路，迷失了方向，在错误的领域空耗年华，以至于悔恨终生。我们在选择人生道路时，要倾听自己内心的声音，不要过度依赖他人的指导，别人的建议只能作为参考，前方的风景是不是我们想要的，只有我们自己清楚，所以我们要相信自己的判断。

认可、肯定和赞美能起到积极的作用

被社会、群体或他人认可、称赞和接纳是人性的特点之一，积极的反馈可以提高人的自尊，会激发个体做出更大的成就，而人生的很多奇迹是这个底层逻辑作用的结果。

有这样一个心理学实验：

1968 年的一天，美国心理学家罗森塔尔和 L. 雅各布森来到一所小学，说要进行 7 项实验。他们从一至六年级各选了 3 个班，对这 18 个班的学生进行了“未来发展趋势测验”。之后，罗森塔尔以赞许的口吻将一份“最有发展前途者”的名单交给了校长和相关老师，并叮嘱他们务必要保密，以免影响实验的正确性。

其实，罗森塔尔撒了一个“权威性谎言”，因为名单上的学生是随便挑选出来的。8 个月后，罗森塔尔和助手们对那 18 个班的学生进行复试，结果奇迹出现了：凡是上了名单的学生，个个成绩都有了较大的进步，且性格活泼开朗，自信心强，求知欲旺盛，更乐于和别人打交道。

实验者认为，教师因受到实验者的暗示，不仅对名单上的学生抱有更高期望，而且有意无意地通过态度、表情、体谅和给予更多提问、辅导、赞许等行为方式，将隐含的期望传递给这些学生，学生则给老师以积极的反馈；这种反馈又激起老师更大的教育热情，维持其原有期望，并对这些学生给予更多关照。如此循环往复，以至于这些学生的智力、学业成绩以及社会行为朝着教师期望的方向靠拢，使期望成为现实。这个心理学现象就是“罗森塔尔效应”，它反映的是他人积极的评价、鼓励，能给人带来积极的力量。

你坚信自己能成为谁，你大概率就会成为谁

“被认可、被赞美”是人类的基本需求，也是人类在进化过程中所形成的心理特点。我们祖先的命运决定于别人如何评价他们，因为在人类漫长的群居生活中，当个体受到群体保护时，其生存的机会就变大。当他们意识到群体对自己不满时，他们会感到羞愧并做出低自尊的行为反应。这时候，他们会觉得自己缺乏魅力，能力不足，垂头丧气。心理学家马克·利里指出，作为他们的后代，我们有类似的根深蒂固的归属感需要，当我们面对社会排斥时会感到低自尊的痛苦。他还指出，自尊是我们对他人如何评价我们的监控并做出相应行为反应的心理学标准。

关于此，美国著名社会心理学家戴维·迈尔斯这样说道：“用积极的信息来提高自尊，会激发个体做出更大的成就……当别人认为我们很好时，我们也会认为自己不错。如果我们称赞某个小孩很有才华、刻苦学习或者乐于助人，那么这个孩子就会把这些观点融入其自我概念和行为中。如果少数学生因为对自己学业能力的消极印象而感到恐惧，或者女性因为对自己在数学和理科上的较低期望而感到恐惧，那表明他们可能对这些领域‘不认同’。他们不对这种预断做出辩驳，而是认同自己的兴趣在别处。”可见，积极的评价对个人发展起积极的作用，而消极的评价则会起消极的作用。

在现实生活中，这样的案例屡见不鲜：

那些容易得到老师肯定和表扬的孩子，会更听话，然后在成绩、特长等方面的表现也会更好；而那些经常受到家长或老师批评的孩子则比较调皮，在其他方面的表现也不尽如人意。

在人际交往中，经常受到别人赞美和肯定的人会更自信，因为自信又会让他们更有魅力。那些经常被忽视的人因为缺少肯定和鼓励容易自卑，因为自卑会让他们下意识地降低自己的存在感，然后就更容易被忽视，导致形成恶性循环。

在工作中，那些受欢迎的人，工作上的进展会推进得更顺利，所获得的成果也会好得多；而那些不受待见的员工，工作推进就比较难。

在亲密关系中，常常互相赞美的伴侣，双方都能共同进步，婚姻的幸福指数会更高。时常争吵、互相贬低的伴侣，不仅伤感情，还因为得不到对方的肯定而无法得到心理上的满足，会直接影响到对方的成长，对婚姻幸福也不利。

……

这也给我们启示：积极的赞美、鼓励和有力的肯定对每个人都极为重要。我们既不要吝啬给身边的人以肯定的力量，也要管住自己的嘴，不要轻易去批评、指责别人。也许你的一句无心的赞美，就能让一个身处困境中的人获得力量，从而走出困境；也许你的一句无心的贬低和指责会伤害到一个人，变成一个可恶的推手，让别人跌入堕落的深渊。

人们从来不关心事实，更在乎自己的感受

情绪化也是人性的特点之一。情绪即指人们对客观事物的态度体验以及相应的行为反应。可见，情绪是一种主观认知的表现。比如，一个人痛苦，完全在于其内在的反应，它并非外部世界的客观情形，而是自己心智产生的心理反应。一个人为明天烦琐的工作而焦虑，它并非指明天真的完不成任务这个客观事实，而是个人内在的一种恐惧和担忧……或者说，事件本身并不产生痛苦或焦虑，而是我们对事件的看法或反应产生了痛苦和焦虑。所以，人是受情绪控制的，在生活中，多数人并不是真正关心事实或者事件本身，而是更在乎自己的感受。最经典的就是“半杯水的故事”：桌子上有半杯水，一个人说还有半杯水，另一个人说只剩下半杯水了。“半杯水”这是客观事实，但是不同的人看事物的角度不同，却呈现出了人的心理差异，这就是情绪的作用。

事实上，情绪是人类进化过程中的产物。人类在漫长的进化历程中，需要适应不断变化的环境和威胁，而情绪就是一种快速反应机制。例如，当遇到危险时，我们可能会产生恐惧、焦虑、痛苦等反应，与此同时，我们的身体会迅速进入“战斗或逃跑”模式，这种身体反应不仅需要肌肉的参与，还需要大脑的调节，而情绪正是在这种调节中扮演着重要角色。例如，当某件事情发生了，感到悲伤时，情绪可以推动人们采取行动来改善他们的处境，如寻求帮助或调整他们的行为方式。

所以，从本质上说，情绪就是报警器。当遇到事情时，这个警报器就会响起来，我们的身体和思维就会立即响应。当代表着恐惧、焦虑和害怕的情绪警报响起时，我们会马上进入“战争”模式——绷紧身体、战栗，甚至会胃痛；当代表喜悦的情绪警报响起时，则切换到“休假”状态——放松身体，露出微笑等。从

情绪是我们自身的一部分，学会去接纳每一种情绪

情绪产生到身体响应，看起来像是本能的反应，但实际上却可以用意识来控制，只不过很多时候我们放任情绪，以至于对自己产生了伤害。

当你坐在公园的长椅上晒太阳，顺便把手里的杂志放在身边的空位上，有一位陌生人径直走过来，直接坐到了你的杂志上，请问你会产生什么情绪，会生气吗？至少会有些不高兴吧。可当你仔细观察这位陌生人，发现他居然是一位盲人，那么你会怎么想呢，还有生气的感觉吗？如果你最初放杂志的目的，就是遮盖长椅上一坨污渍，以免弄脏别人的衣服，你又会产生什么样的情绪呢？所以，人的情绪，其实是个人的主观反应，不同的认知以及不同的观察事物的角度，就会产生不同的情绪。当我们刻意变换观察角度，或者刻意提升自我的认知水平，情绪就能掌控在自己的手里。

另外，我们也要认识到情绪是人类正常的心理反应，无论是正面的还是负面的情绪，都是我们自身的一部分。当我们身处顺境中，得意或兴奋之时，我们要保持清醒，切勿张扬和失态，而应该静静地反省，以客观的态度去看问题；而当我们被负面情绪影响时，也不要一味地排斥它。我们要保持冷静，去分析事物的客观事实，而不是一味地被烦恼、焦虑或痛苦裹挟。

我们来看一下美国作家布莱克伍德在一篇名为《99%的烦恼其实不会发生》的文章中，写了他本人的一段亲身经历。

布莱克伍德在他四十多岁的时候，因为战争的原因，所有的事情几乎把他烦透了。他所创办的商业学校，因为当地男孩子的入伍，面临着极为严重的财务危机；而他的儿子则在军校中服役，生死未卜；当地政府要征收土地建造农场，而他的房子正好在被征收的土地之上，他拿到的赔偿金也仅仅是他房子市价的十分之一；他的大女儿因为提前一年毕业，她上大学需要一笔费用，而这笔钱完全还没有筹到。布莱克伍德正坐在办公室里为这些事情烦恼，

摆脱情绪的操控，是让人生变好的根源

便随手拿了一张便条写了下来，苦思冥想应对所有事情的对策，但是都没有想出更好的解决办法。最终，他无意间将这张字条放进了抽屉中。

布莱克伍德已经根本不记得自己写过这张字条。一年之后的一天，他在整理自己的资料时，无意间就发现了这张字条上记录的曾经让他头痛不已的烦心事。他一边看，一边淡然地笑了笑，觉得很有趣，因为他当初担忧的那些事情都没有真正地发生过。

他刚开始担心商业学校无法办下去，可政府却拨款训练退役军人，他的学校很快就招满了学生；他曾经担心自己的儿子在战争中受伤，但是最终儿子却毫发无损地回来了；他担心土地被征收去建农场，但是后来却因为住房附近发现了油田，他的房子完全没有被征收；他担心大女儿的教育经费凑不齐，但是他找到了一份兼职稽查工作，解决了这个难题。

最后，布莱克伍德得出了这样的结论："其实，生活中，你

所担心的事情，99% 是不会发生的。人生总是为了一些不会发生的事情去烦恼，让精神饱受煎熬，真是一大悲哀！”

的确，当我们被情绪控制的时候，更多的是不会去关注客观事实，而更在乎自己的感受，尤其在被负面情绪缠绕的时候，我们只是一味地去担忧、焦虑和痛苦，而忽略了事情的事实。生活中，许多烦心和忧愁是自己给自己绑的绳索，是对自己心力的无端耗费，这就如同自我设置的虚拟的精神陷阱。怀着忧愁度过每一天，设想自己可能遇到的麻烦，只会徒增烦恼。实际上，等烦恼真的来了，再去考虑也为时不晚。

第三章
Chapter 3

社交的底层逻辑：渴望被人“看见”和被人接纳

英国著名诗人约翰·邓恩在17世纪曾写下这样一段文字：“没有谁是一座孤岛，在大海里独踞。每个人都像一块小小的泥土，连成整个陆地。”这说明人人都有社交需求。

随着社会的发展，互联网和信息技术的突飞猛进，人与人之间可以通过各种通信工具进行交流，这也使人与人之间的连接变得越来越简单。这种看似被互联网拉近了距离的社交方式，却让“孤岛”成了大多数人生活的常态。

在当下的互联网社会中，人与人之间根据关系的亲疏远近被定义为无关系、弱关系、强关系，从无关系到强关系的行为链路覆盖了陌生人社交和熟人社交的所有场景。以微信为代表的熟人社交工具明明拉近了人与人之间的距离，可为何越来越多人的精神世界却变成了一座“孤岛”？为什么人要社交？现代社会人的孤独感究竟来自哪里？社交行为的驱动力是什么？要清楚这些问题，就要明白人为什么要社交，驱动人社交的底层逻辑是什么。本章就是要为读者解答这些问题。

维系人际关系，是人的本能需求

马库斯·赖希勒是世界著名的脑成像专家，他的团队在研究过程中发现，人脑是由无数的神经网络构成的，其中存在一个默认的网络，这个默认的网络会在人们做具体的事情（如学习、工作等）的时候关闭，在任务完成时自动打开。这也意味着，人们在休息的时候，那个默认的网络会自动开始工作，而工作的内容就是“社会认知”。所谓“社会认知”主要是对自己、周围的人、个体间关系所进行的思考。这也告诉我们，人脑的机制决定了人们会本能地热衷于社交，并支持人们去了解自己和他人。这也从侧面解释了社交是人类的基本需求。

马斯洛的需求层次理论也告诉我们，生理需求是人类最基本的需求，这种需求主要包括食物、水和性。这也使人类具有一定的动物性。同时，人类在漫长的进化过程中，为了维护自身的安全，也有了群体性。所以，人类的一切社交行为，都在围绕两个底层逻辑，要么寻求配偶，以满足性需求；要么维系关系，以满足安全感的需求。

从进化心理学的角度来看，在远古时代，个体需要通过社会合作才能将资源利用最大化。比如我们的祖先在狩猎时，要与其他人配合才能提高获取食物的概率；只有与人合作，才能更高效地搭建好棚屋，共同抵御野兽的攻击等。正如《社交天性：人类社交的三大驱动力》一书中提到：“在以灵长类动物为代表的高级种群中，成为一个大规模群体的一分子可以给个体带来极大的好处；但个体需要学会如何和其他个体建立正确的联盟，并避免群体生活的缺点，从而使种群更好地生存，这些社会知识会导致个体需要更大的脑容量。”在远古时代，如果个体为群体所不接纳、厌恶或排斥，那就意味着生存危机，而这会让人产生巨大的恐惧和痛苦。正如心理学家马克·利里所说的那样：“当我们遭遇威胁性的社会拒绝时，自尊指示表会警告我们，以促使我们更敏锐

没有一个人是一座孤岛，维系关系或与他人发生关联是本能需求

地觉察他人对我们的期望。研究证实，社会拒绝会降低我们的自尊，同时增强我们渴望被接纳的意愿。当我们被群体或者他人蔑视或抛弃时，我们会感到自己缺乏魅力，能力不足。这种痛苦如同仪表盘上闪烁的指示灯一样，会驱使我们通过行动来发展自我，并在其他地方寻求社会接纳和认同。”所以，渴望被社会或群体接纳，渴望与他人建立联系，是人类对安全感的心理渴求，这也是人类群体性的重要表现。

另外，人类的群体特性决定了我们必须与社会、群体或其他人链接。关于此，弗洛伊德在其著作《性学三论》中讲到一个故事：一个三岁的男孩在一间黑屋子里大叫：“阿姨，和我说话！我害怕，这里太黑了。”阿姨回应说：“那样做有什么用？你又看不到我。”男孩回答：“没关系，有人说话就带来了光！”没有回应，就意味着黑暗，而如果有了回应，就有了光。不仅要回应，而且要及时地给予回应。同样，在现实生活中，如果一个人与外界完全没有接触，与大自然隔绝，不与人交流，将自己置身于无声的黑暗中，那就意味着死寂，我们的存在也就失去了意义。在哲学界，曾一度流传着这样的观点：“你存在，故我存在”。这个观点体现在交际中，即指他人在这一刻是存在的，同时因为他回应了我的感受，所以这一刻我也被确认了，于是我的存在感便增强了。

社会心理学认为，人之所以能够活得幸福，其中一个关键因素就是拥有良好的人际关系。而拥有良好的人际关系，满足了人们渴望被接纳、认同的心理欲求，它能让人产生愉悦感和幸福感。

人在社会中不是孤立的，人类的群体性也进一步说明，人的存在是各种关系发生作用的结果，人正是通过和别人发生作用而发展自己，实现自己的价值。

建立良好的人际关系是社会正常运转的润滑剂，和谐、友好、积极、亲密的人际关系是社会生活中人与人之间进行交往的基础。在日常生活中，有些人往往认为，人的幸福是建立在金钱、成功、名誉和地位基础上的。实际上，对于人生的幸福来说，所有这些方面，都远不如健康与良好的人际关系重要。

心理学家以前就“什么使你的生活富有好处”这个问题进行过广泛的调查，结果几乎所有人都回答亲密的人际关系是最首要的。自己的生活是否幸福，取决于自己同生活中其他人的关系是否良好。如果与别人有深刻的情感联系，那就会感到生活幸福且富有好处；反之，则会感到生活缺乏目标、没动力、不幸福。所以，在现实生活中，我们一定要积极地参与社交，并且努力赢得周围人的欢迎，营造良好的人际关系。

人们都渴望被“看见”：让对方感到自己很重要

渴望被人关注，是人性的重要特点之一。所以，在生活中，有效的社交活动，一定是建立在将个人注意力放在“关注他人”基础之上的。比如主动地去赞美对方，夸其衣服好看，气质良好等；给对方的朋友圈点赞，甚至发表评论等；主动聊与对方相关的话题等，都能获得不错的社交效果，也是我们拉近与他人关系的一把钥匙。

在生活中，我们会见到一些喜欢在朋友圈里晒自拍照的朋友，也会见到一些朋友圈里频繁地“晒幸福”“晒娃”“晒旅行”的人，还能见到一些平时不怎么发朋友圈，但一旦去国外旅游，就忍不住晒旅行风景的人……他们为什么会发朋友圈，为什么连一些低调的人在某些特定的时候也忍不住要发照片上去？实际上，发朋友圈的行为是由每个人都渴望被人关注，渴望让自己更好的一面被“看见”的心理倾向造成的。

从社会心理学的角度来看，渴望被人关注，尤其渴望更好的自己被看见是人类的心理需求，这才让一向低调的人在国外旅行时，都会忍不住发朋友圈。当然，一些人可能会说，我认识的一些大领导，他们从不发朋友圈，这又是什么道理？事实上，这些领导并不是不爱被“看见”，而是因为发朋友圈只是满足被“看见”需求的一种形式，而当他们在企业中，在大大小小的会议中已经满足了被“看见”的心理需求。

美国著名社会心理学家罗伊·鲍迈斯特说：“对于人来讲再也没有比人更有趣的话题了。而且，对于多数人来说，最有趣的人正是他们自己。”心理学家戴维·迈尔斯在其著作《社会心理学》一书中这样描述：“很显然，在我们的心中，自己比其他任何事

每个人穷极一生都在追求两种感受：一是成就感；二是归属感。
成就感来自被“看见”，归属感来自“被人爱”

情都更为关键……我们对自我的感觉处于我们世界的核心位置。”在生活中，我们可能曾经有这样的体会：当我们在评判某个人的表现和行为时，我们经常会本能地将其与我们自己的行为相比较；当我们和别人聊天时，如果无意中听到屋里其他人提起我们的名字，那我们的注意力会立即转移过去……可见，在任何时候，相比于周围的人与事，人们更关注自己，渴望自己被看见，被重视。所以，有效的社交，一定是围绕“满足人们更关注自己的心理”这件事展开的。而忽视、轻视他人则会让我们在社交活动中受挫。

人际关系大师约翰·麦克斯韦尔大学毕业时，曾让他的父亲给他提出了一些建议，因为他即将开始自己的职业生涯。父亲说，约翰的每一天，都要刻意去珍视他人，信任他人，无条件地爱他们。美国作家肖恩·柯维认为，“交流和影响别人的关键所在：首先是努力理解别人，然后再争取使别人理解自己”。为什么这么说呢？“因为人们内心深处最大的渴望是被人理解。人人都想被人尊重，自身的价值得到别人的承认，承认唯一的、不可克隆的自己。”所以，“人们在感受到真正的爱和理解之前是不会向别人敞开心扉的。一旦感受到了这些，他们会把一切都告诉你”。的确，在社交活动中，我们要做的不仅仅只是去看见、重视对方，还要真正地去尊重对方的感受，才能拉近与对方的关系，让对方真正地接纳和信任你。

事实上，不仅在社交中我们要去看见、重视别人，而且在亲密关系中，这一法则也同样适用。心理学家武志红说：“真正的爱是什么，是回应，是看见，是链接。作为一个能量体，我们犹

每个人都有自己的能量，一个人的能量如果被看见，就会变成好的、善意的、温暖的力量

如一条章鱼，会不断地伸出自己的触角，如果这个能量的触角被接住和看见，它就得到了祝福，就会变成生的能量。如果没有被看见，而是被拒绝与忽略，那么它就会变成黑色的、破坏性的、死的能量。如果一个人整体上觉得自己是被拒绝、被忽略的，那么不管他外在看上去是一个什么样的人，他的内心，或者说是真自我，都充满了破坏欲。一个内心充满破坏欲的人，很难与他人建立起良好、健康的关系。”所以，在家庭中，无论是夫妻关系也好，父母关系也罢，我们都要主动去关注另一方，起码对对方所提出的要求给予积极的回应，而不是忽视，这样才能与家人建立起积极健康的良好关系，从而营造良好的家庭氛围。

如何好好地安慰他人

在社交中，如何正确地安慰别人，是一门学问。群体性决定了每个人都渴望被“看见”的心理欲求。知名心理学者武志红老师说：“有一种目光，注视着你，审视着你，是为了看你是否符合他对你的期待；另一种目光，注视着你，是想看见你的真实存在。每个人来到这个世界上，都是为了活出你自己，而当你能够被看见的时候，你的真实自我会被照亮，你会自然而然地变得更好。”在社交活动中，我们想拉近与他人的距离，想赢得人心，就要用第二种目光去注视他人，去了解对方，看清对方的需求，尊重对方的感受。尤其在别人伤心难过时，要主动去“看见”对方内心的悲伤。这可以照亮对方的内心，以使对方变得更好。

《重启》的作者在书中说：“安慰一个哭泣的人，最好的方式不是说‘不要哭，你应该……’，而是说‘你一定很痛苦吧，想哭就哭吧’，或者‘如果我是你，我也会哭’。”这种安慰方法，是共情力的重要体现，后者给人一种自己内心的悲伤被看见的感觉，并且以一种鼓励的方式，让对方的情绪得以自由流淌；而前者给人一种悲伤情绪被禁止的感觉，是因为对方的悲伤情绪没有被看见。

晓枫说：“我 2 岁的儿子有一天生气了，坐在客厅的沙发上，愤怒地哇哇叫。我握起他的两个小拳头，放在一起亲了一下，然后他恢复平静的速度比平时都要快。”

张岚说：“我 12 岁的女儿正值青春叛逆期，我们经常因为学习的问题而发生争吵。有一次我让她去写作业，几次催她都未见她行动。于是就大声地向她吼，她却急得跳脚，朝我大喊大叫，一会儿竟然哭了起来……这时的我，顿时觉得自己的行为有不妥之处，顿时收起锋芒，变得平静下来，张开双臂将她抱住，她立即也软了下来，依偎在我的怀里。事后，我问她为什么一下子变得温顺起来了，她说，你一张开胳膊，我就觉得你是爱我的，我内在的‘愤怒小孩’一下子被制服了。”

拥抱，可以让人感受到被接纳和被重视

刘晓说：“老公最近因为工作压力大，回到家总是一副阴着脸不高兴的样子。刚开始看到这样子，我总是埋怨他为什么总把工作上的负面情绪带回家，接着便会发生激烈的争吵……后来，我改变了策略：每天到家看到他不高兴时，我的第一反应就是伸开双臂抱抱他，或者让孩子兴奋地跑到门口寻求他的拥抱，每次做完这些亲人间相互拥抱的动作，他的负面情绪便很快烟消云散……”

人本主义心理学家罗杰斯说：“爱，就是深深的理解与接纳！”而理解与接纳，就是共情力的深层次的一种体现方式，而拥抱则是理解与接纳的具体表现形式。当一个人处于负面情绪中时，拥抱意味着爱，更意味着其内在的负面情绪被“看见”。所以，在社交活动当中，他人、朋友或家人伤心的时候，不用给对方过多地讲道理，只需要静静地倾听，然后伸出双手去抱抱他，他就好了；即便是刚发生完冲突的两个亲人，如果一方想要与另一方达成和解，不要去与对方争论对错，只需要一方敞开双手去拥抱另一方，其内在的愤怒就会消解，关系便能得以缓和。这是因为另一方的负面情绪被“看见”，所以其内在的情绪得以自由地流淌起来了。

对他人全方位地接纳，提升自己的共情力

在远古时代，个体被群体或他人排斥，就意味着巨大的生存危机，而这种生存危机会带来巨大的恐惧和痛苦，所以，渴望被群体和他人接纳，是人重要的心理欲求之一。在社交活动中，能够主动去接纳他人，是增进双方情感和拉近彼此之间关系的重要方法。

在现实中，很多人有这样的疑惑：周围的人，大多数不是什么大恶之人，可大家在一起相处时，会有很多的不愉快。如果仔细回想，在同学、同事、朋友甚至是家人中，总有些时候，会让我们发自内心地对他人不认同甚至是很排斥的。除了利益上的冲突，还有可能在于彼此不同的个性，又不懂得感同身受地去理解对方，摩擦就在所难免了。尤其是对于那些不太擅长处理人际关系的人而言，遇到排斥、不喜欢，但又不得不面对的人，相处的

过程简直就是一种煎熬。实际上，任何有效、良好的社交，一定是从接纳对方开始的。而真正的接纳不是圆滑世故、不是虚假应付，而是发自内心地接受别人的不同，尊重对方的意愿或行为。要真正做到这一点，最重要的是要提升自我的共情力。

共情力，是美国心理学界知名人士亚瑟·乔拉米卡利的心理学观点，即指一个人能够理解另一个人的独特感受或经历，并对此做出反应的能力。共情能够让一个人对另一个人产生同情心理，并做出利他主义的行为。拥有高共情力的人，在社交活动中能够打开身上的所有感官，调动起身上的能量，全然地接纳对方与对方发出来的信息，因而他们能全身心地感受到对方的真实感受，才能真正地理解对方。拥有高共情力的人，能够让别人感受到自己被理解和被看到，让人即使处于困境中，也能够感受到温暖。

在现实生活中，很多人会认为，所谓的共情力，就是将别人所说的内容和感受重复给他们。事实上，高共情力固然意味着要给对方发出的信息或感受以回复，即我们平时所说的“情绪反馈”，但是，共情力的实质即指对对方的感受能做到感同身受。

美国著名的心理学家卡尔·罗杰斯曾经在其著作中解释道，共情不是人们所简单理解的“情绪反馈”，其实质是对他人的感觉能感同身受。

在心理学大师罗杰斯看来，共情是理解另一个人在这个世界上的经历，就好像你是那个人一般，同时，你也时刻记得，你和他还是不同的；你只是理解了那个人，而不是成为他。共情还意味着让你所共情的人知道你理解了他。关于共情，他这样阐述道：“渐渐地，我所理解的共情被扩大成一个咨询师的感受能力。当我和来访者共情的时候，我能感受到我体内生出一些无法言明的东西需要被表达。这可能听起来有些奇怪，也许有点让你摸不着边。但是我发现，每当我把这些无法言明的东西表达出来的时候，来访者都会从中找到共鸣，他并终于为他们那些模糊的思绪和情感找到出口。”在罗杰斯看来，去捕捉那些容易被我们忽视的，但是却可以从来访者身上感受到的情感恰恰才是共情的关键。

能够彼此都接纳对方的人，能够产生轻松和愉悦的情绪

那么，在现实生活中，我们如何才能提升自我共情力，全然地对他人感同身受呢？

心理学家武志红说：“如果你想认识一个人，就必须放下成见，打开感官，全然地接受对方的信息，特别是神情，让这些信息扑面而来，看看能感知到什么；敞开地接纳对方向你发出的各种信息，如语言、语调、韵律以及一些看似无意识的东西等，当它们传到我身上时，会有各种各样的反应，于是通过这些反应来推测来访者那里发生了什么。”他告诉我们，如果要对别人感同身受，就要向他人敞开心扉，全方位地打开你所有感官，全然地感受对方向自己发出来的各种信息，这是与他人达到共情的至高境界。当你对他人表现出共情时，对方的防范意识就会下降，积极的能量便会取而代之，这不仅可以拉近彼此之间的距离，也可以赢得对方的信任，是赢得人心、达成交际目标的重要法宝之一。

对他人的反应给予及时且精准的回应

艾米与男友相恋快一年了，两人感情极好，但因为不在同一座城市工作，所以，两人几乎每天都会聊天。在“五一”假期，艾米在网上告诉男友，自己要到他所在的城市去陪他，而男友只是回了一个“哦”。艾米顿时大怒，打电话过去，对方可能因为在忙别的事情，没接到电话。这让艾米更加愤怒。事后，她的内心久久无法平静，便对男友提出了分手……男友也极为委屈，尽管事后向她作了解释，但仍无法安抚和挽回艾米……

事实上，艾米之所以会愤怒，是因为男友没能对她的信息给予重视和回应。可是，在艾米看来，男友只用“哦”这个词，是对自己的应付或敷衍，不算是真正的回应。在交往中，对他人发出的信息给予正式的回应，是对人最基本的尊重，也是有效沟通的基本前提，更是接纳他人的重要表现。

要知道，在远古时代，能够与其他人进行沟通和交流，是人被群体接纳的重要表现。而当个体的沟通诉求未得到其他人的回应，就意味着融入群体的不确定性，而这会带来巨大的恐慌和痛苦。所以，及时并好好地回应个体的沟通诉求，意味着接纳、重视对方。而敷衍、应付式的回应或者不回应，意味着对对方的不接纳甚至排斥，这会让人产生失望、失落、痛苦、愤怒甚至是绝望的悲观情绪。

心理学家武志红说，沟通是人与人之间能量的交流，在社交中，两个人或多个人能够畅快地回应彼此，就意味着彼此都能获得活的能量；而如果个体的沟通诉求未能得到他人的回应，得到的只会是黑色的、死的能量。就像一个人孤独地处于陌生且封闭黑暗的环境中，带给人的只有恐慌、痛苦。

在交往中，我们要尽力做到：凡事有交代、件件有着落、事事有回应

美国斯坦福大学的心理研究机构，曾经对数十万名社会各个阶层的夫妻作了调查，最终统计发现，那些平时吵架吵得很凶的夫妻，离婚率要比那些不怎么吵架但遇到矛盾或冲突总爱冷战的夫妻低很多。事实上，那些平时吵架的夫妻，体现了他们旺盛的生命力和彼此之间获得了活的能量。事实上，类似的事情还发生在一些原生家庭中。

贝拉是大学一年级的学生，是一个安静且孤独的人。对于周围的同学、朋友，她既不向别人发出自己的声音，也不求得别人的回应，内心丝毫感受不到幸福和快乐，周围没有一个要好的朋友。她的这种“不求别人关心，也不关心别人”的封闭状态，让其他同学都很害怕她，也不敢跟她交流和沟通。对此，贝拉也痛苦至极，不懂得如何摆脱。后来，在大学期间，她接触了心理学，了解到自己的心理问题，源于童年时期父母对自己的不回应。

事实上，在她童年的记忆中，父母每天都非常忙碌，根本没时间理她，常常争吵。所以，贝拉自小就是一个乖巧且懂事的孩子，她经常会做出各种搞怪动作去逗父母，但每次过后，父母总是板着脸没有任何回应。这让她很是受伤，当她稍微大一点儿后，便变得越来越孤独和自闭。

贝拉的孤独和自闭是小时候父母对她的不予回应造成的，事实上，在原生家庭中，父母如果忽视孩子的需求，对孩子发出的沟通诉求不予回应，对其造成的负面影响是巨大的。美国的一项心理研究发现，若婴儿向妈妈发出信号，而妈妈在七秒内给予准确的回应，婴儿便没有受挫感；若超过七秒，就会生出挫败感。一个婴儿若总是处于挫败感中，就会减少甚至再也不会向妈妈发出呼叫。一个人长大后，若总是孤僻，喜欢独处，宅在家里不想与任何人交往，往往就有这样的成长背景。

刚参加工作不久的杰瑞，便帮助公司团队突破了一个项目的核心问题，他兴奋地跑过去向领导汇报工作时，领导却表现得异常平静，丝毫没有兴奋的样子。这让杰瑞心里像泼了一盆冷水，失落地回到座位上，几天都打不起精神来去继续投入工作中……

一个聪明的领导，面对员工传递来的兴奋事件，也应该回以同样的热情和兴奋，这是共情力高的重要体现。对他人传递来的情绪、信息等给予怎样的回应，考验的是一个人的情商。对于上述事例中的杰瑞来说，领导在这一刻是存在的，如果其能对自己的兴奋情绪给予积极的回应，带给杰瑞的不仅是强烈的存在感，还有成就感和获得感。所以，在人际交往中，如若你对他人的话语、表现或信息能给予及时和精准的回应，那便会增强对方的存在感，也是对对方最大的尊重。

才干如果不够，那就修炼人品

在社交活动中，个人的价值固然重要，但是如果能力不足，无法给他人提供信息、资源、智力价值，那就不妨努力提升自己的道德品格和情商，为他人提供情感价值。如果说能力、才华是社交的重要砝码，那么，靠谱、踏实，内在的坦荡和诚意，也拥有打动人心的力量。

从进化心理学的角度出发，人具有群体性和社会性，我们需要彼此依赖和信任，才能使自身的利益最大化。同时，当我们在另一个人身上看到真诚、善良和温暖时，我们会感受到对方的认可和接纳。这种感觉很容易让我们感到被爱和被需要，进而让我们对对方产生更深的感情。

真诚和善良也是赢得人心、建立和谐关系的关键因素。很多时候，它比人的才干和能力更能赢得人心。试想，一个能力强，但不讲诚信、为人阴险的人，与一个能力弱，但为人真诚、善良的人，你更愿意与谁结交呢？如果是企业主，你会更愿意用哪一个呢？

事实上，在沟通和交流中，当一个人毫无保留地表达自己的想法和感受时，我们和对方的关系会更加亲密和稳定；相反，当一个人在人际关系中总是有所保留，或者总是隐藏自己的真实感受，我们与对方的关系可能会变得紧张和不稳定。

许多人喜欢《射雕英雄传》中那个憨厚的郭靖，他老实本分，笨嘴拙舌，资历平平，甚至有些木讷愚笨。论聪明资质，他比杨康差了何止一百倍。依常理，杨康的职业发展前景和个人前途应该比郭靖好一些才对。可到最后，郭靖却超越了杨康，成为武林中能力最强的人。

难道是幸运之神格外眷顾“庸才”吗？当然不是，郭靖这个人，尽管智商不高，可情商却极高，人品极好。他四肢发达，头脑简单，但他却懂得感恩，诚实守信，待人真诚，对人从不设防，所以更容易赢得他人的信赖，很容易被人接纳。同样还获得黄蓉这个智勇双全的大美人的青睐，她嫁给了他。而杨康因为人品不够好，尽管有才干，最终却落得个极为可悲的下场。

你不断地提升实力，可别人往往更看中你的人品

作家史铁生说：“人的才干抉择了他终生走得有多

快，而人品则抉择了他终生走得有多顺。”只有才干而人品不好的人，走得再快最终也难逃悲惨的命运，而相反，若无才干，人品好，则会用其独特的人格魅力，聚集更多有才能者帮助他成为人生的大赢家。正所谓“才干不够，人品来凑”，说的就是这个道理。

古语说“吉人自有天相”。说的是，一个人人品正，老天都会来帮他。所以，当你能力不够强时，就请尽量做个好人，准没错。本身能力足够的人，也许可以单打独斗。而对于资质一般的大众，恐怕就要拿人品去拼了。

生活中，最能判断出一个人人品好坏的便是他在利益面前的表现。但凡在利益冲突面前，不为所动，保持一颗纯净的心的人，其内心往往豁达。比如，李嘉诚在与人做生意时，不计较个人利益和得失，肯为对方考虑，这样的人，身上仿佛都带光，无论做任何事，都有人来相助，想不成功都难。相反，那些喜欢斤斤计较、唯利是图的人，表面上没有吃亏，可最终输掉的却是自己的口碑。这种人往往缺少优质的合作伙伴，更没有真心朋友，很容易走进自己人生的死胡同。可以说，在很多时候，一个人人品的好坏直接决定了他一生的成败。

周勃来自农村，自小因家里穷没上几天学的他，如今已经是北京一家广告策划公司的老板。做广告策划并非一件易事，除有好的创意外，还需要有基本的美学功底和文字基础，而以周勃的学识，他对这些根本一窍不通。这也是他厉害的地方，他之所以能做广告公司，并且还能让公司在短短几年内做大做强，凭的就是过硬的人品。

二十多岁的时候，为了帮助家里减轻负担，他毅然北上，在一家广告公司做起了保洁员。他为人老实、厚道，每天除做好工作外，他总是会在中午抽空无偿给公司的职员们订餐、送餐。有时候，他还帮有困难的同事垫钱去购餐。很多员工对他的这种做法极为感动。渐渐地，公司所有的职员都爱跟他聊天，一有心事或遇到不顺心的事情，就会找他倾诉。每次，周勃都会给予悉心的开导。因为与这些同事聊得多了，对广告公司的运营流程，周勃也慢慢了解了。几年后，他便开起了自己的广告公司。当初那些广告公司的员工都要到他这里来帮忙，而他却说："我来京的第一个饭碗是你们老板给的，我不能做忘恩负义的事。你们可以给我支着儿，但若辞职到我这里来，我不欢迎！"

当然，一个公司的成功离不开人才，为了吸引人才，周勃将公司的股份送给自己的员工。他说："我不聪明，对广告方面具体事宜一窍不通，也没什么文化，公司未来的发展就全靠大家了！"他的这种做法调动了员工的工作积极性，几年后，他的公司在业界已经小有名气了，广告业的精英全都奔着他而来，大家都认为：和老周合作，肯定不会吃亏。周勃正是凭借自己过硬的人品，将自己的公司推上了事业的顶峰。

一个人的德行常常能够弥补智慧的缺陷，然而，智慧却永远填补不了德行的空白。所以，如果你是一个才智方面不足的人，那就请好好修炼自己的品行，因为付出、宽容、厚道、接纳、不计较等个性特点，同样可以让你的人生发出金子般的光芒。古人云：“厚道是最高的精明。”厚道之人，人人都愿意与之交往，因为这样的人让人感觉踏实、放心、打心底里尊重、信赖，于是就能积累人缘、积聚人气，处处利于做事和为人。而人气便是财气，有人就有财。所以说，厚德是福，是做人最大的底气。

勇敢地敞开自己，坦露自己

生活中，许多人难以获得他人的信任或好感，多是因为总戴着面具做人，让人觉得其太“假”，不够真实，很容易与他人生出诸多隔阂。因为在人际交往中，“不真实”就意味着不信任、不接纳甚至“排斥”对方，这容易引起对方的警惕心理，也极难赢得人心。所以，在社交中，若你勇敢地敞开自己，付出你的真心，坦露你的本色，这样极容易获得他人的信任。比如可以在适当的时候暴露一些属于自己无伤大雅的小秘密，你会发现，你的主动暴露会让对方觉得你已经完全接纳了他，会视你为知己，而他也会敞开自己，甚至与你分享关于他的小秘密。

几年来，丽莎一直为自己的人际关系而苦恼。

丽莎发现自己很难向别人表露心迹。每每与人初次见面，丽莎总能谈笑风生，聊得很不错。可互留电话号码之后，她总是怕别人打来电话，也从来不会主动给别人打电话。她觉得，自己初次交往时的侃侃而谈，全部是“装出来的”。她怕别人知道自己的真实状态和真实想法，担心别人会看不起自己，担心交往越深，自己越会被人“识破”。

丽莎知道，日后的发展离不开良好的人脉，但她就是不能在朋友面前坦露自己。为此，她陷入了深深的矛盾之中……

实际上，将自己的不安、焦虑以及生活中的不如意，向别人坦诚地和盘托出，这种方法是克服人际关系障碍的一剂良药。只要自己有足够的勇气，敢于暴露自我，无论是大大方方地表露自己的优势，还是公开表达出自己的不足之处，都是帮你赢得信任、广交朋友的好方法。

美国人本主义心理学家西尼·朱拉德曾说：“一个人想要获得健康和充分的自我发展，只有当他有勇气在别人面前表现他真实的自我，并且找到自己人生的意义与目标时才能实现。”

有人担心，过于“自我暴露”，会损害自己的名誉，被人嘲笑，甚至会被别人看不起。实际上，这种想法是没有必要的。如果你是心存不安，可以尝试一下“扮演法”。也就是请一个朋友来扮演你，而你扮演嘲笑“你自己”的人。在这个过程中你会发现，你的朋友（也就是你）其实没有什么可嘲笑的，而嘲笑别人，其实是一件很无聊的事情。这种方法能够使你逐步认识到，“自我暴露”有时并不会遭受别人的嘲笑，反而会得到别人的真诚相待。

张勋入销售行业有几年了，他像所有的销售人员一样经常参加各种社交活动，想更多地结识和培养一些自己的客户。但几年下来，张勋觉得自己“认识的人太多，有用的人又太少”。

无论是在厚厚的名片盒中，还是在网络聊天工具上诸多的“联系人”，多数不能直接谈成业务，所以张勋对那些“联系人”都很冷淡。特别是在网络聊天工具上，他为了避免太多人骚扰，还设置了“需要验证”——把他加为联系人，需要张勋本人的验证。

有一天，张勋在网上结识了一位曾在他工作上给过很大帮助的“联系人”刘涛，因为“需要验证”，这位“联系人”第二天才被加到张勋的 QQ 上。不过，刘涛并不介意，他不但帮张勋联系了业务，还建议张勋把他的设置改为无须验证就能加为好友。他对张勋说：“你

勇敢地敞开自己的心扉，坦露真实的自己，是一种接纳

这么做，确实能够屏蔽一些无聊信息和广告，但也许你会因此失去一些客户咨询你，想和你真心交朋友的网友。有的客户当时没有加上你，也许过去就忘了。当你设置需要验证才能加你为好友的时候，你也就是关上了别人通向你的一扇门。”这时候的张勋才恍然大悟，其实不仅仅是在网络上，无论在任何场所，要想交到更多的朋友，就要敞开你的心扉，敞开别人与你建立友好关系的大门。

只有勇敢地敞开自己、坦露自己，才是与人为善的基础，这考验的是一个人的情商。美国心理学家朱迪·C. 皮尔逊指出，多

进行“自我表露”，不但可以促进人际交往，做到以心换心，还可以通过别人的反馈，增强自我了解，使我们对自己有更清晰的认识。当然，自我暴露得太快、太多，往往会引起对方的防卫反应；但自我暴露得太慢、太少，往往会使对方与自己的心理距离加大。所以，在现实中，恰当地自我表露是结交新朋友、维系老朋友的最佳方式之一。特别是在职场上，如果你总是患得患失、畏首畏尾，又怎能经营好你的人际关系，怎么让更多的人了解你的能力呢？

坦诚的态度、开放的心扉，是建立良好人际关系的基础。其实，对那些职场成功人士来说，他们很少有“私密的心事”，他们对工作的体味，对理想的追求，没有一样不可以与他人分享。其实，你敞得越开，你失去得越少，得到得越多——因为你得到了价值不可估量的重要财富——良好的人际关系。

不要试图去纠正别人的观点或错误

在人际交往中，还有一个禁忌就是试图去纠正他人的观点或错误。卡耐基在《人性的弱点》一书中指出："犯错的人永远只会怪罪于他人，而绝不可能反躬自省、承认错误。"在社交中，如果我们无视人性的这一特点，只会对犯错误的人恶语相向，结果只能引起他对自己的辩护，结果仍然于事无补，更重要的是，这会引起他人的反感。

在社交活动中，那些越有能力、位高权重的人，在人群中表现得越是低调，越是有实力的人越不会端架子，内心越丰富的人越是能够理解别人，心越平静的人越懂得尊重别人。虽然人的认知层次不同，但是每个人在自己的认知范围内都认为自己是对的，不希望受到别人的指责和批评。这主要是因为所有人在本能上都抗拒改变，抗拒"自己是不对的"相关的一切感觉，即便是内心认识到自己是错误的，也不愿意承认。

多数人之所以抗拒或排斥改变自己，其深层次的原因在于他们逃避了心智成熟的可能性，也就是心灵的懒惰。美国著名作家M. 斯科特·派克在其著作《少有人走的路》中有这样的观点：心智的成熟是个人精神世界的进化模式。心灵的成长、心智的成熟需要不断努力，而且必然是艰苦的过程，它必须与自然法则对抗，必须与循规蹈矩的自然倾向背道而驰。在对抗自然法则的过程中，心灵需要同熵的力量对抗，就如同生物进化一样，我们的心灵克服了熵的力量，才一直成长到今天。但遗憾的是，我们却习惯于保持原状，热衷于使用陈旧的地图与陈旧的方法；我们习惯于走平坦的道路，害怕道路荆棘遍布。

人不愿承认自己的错误，往往是因为害怕被别人看作失败者或弱者

在社交中，当一个人学会了适当的妥协、让步、闭嘴，也就意味着内心的成熟，也意味着洞悉了为人处世的道理。

其实，在别人没有主动询问和请教你时，不要好为人师，不要自作聪明，更不要试图去纠正别人的错误，反驳别人的观点，这是成年人最大的克制和自律。

第四章
Chapter 4

思维的底层逻辑：我们是如何掉进自己的思维陷阱的

生活中，很多人可能有这样的经历：自己从小就喜欢中文，因为经不住周围人苦口婆心的劝导，最终填报了自己并不喜欢的经济学；在商场中，因为经不住销售员的劝说，最终选购了自己并不需要的商品……我们的行为很多时候好似不受自我意识的控制，而是被别人牵着鼻子走的。其实，这便是心理学上的“洗脑法”。

生活中，总有一些人，尤其是自己身边的亲人，会在不自觉地向你“输入信念，并让你的行为随着他们的意愿行事”，或是会“利用暗示，让你听从他的指挥”，或者是“攻击你的弱点，让你依赖他”，而你在绝大多数情况下根本无法察觉到。其实，生活中，这种“思维入侵”无处不在，他们的方法有很多，但都是以扭曲我们的思维与行为为目的。为此，我们要成为自己真正的主人，就要了解那些人是如何对我们进行“洗脑”的，如此才能有效地警惕他们对我们的控制。

我们总是很容易被“权威”说服

美国斯坦福大学心理学家们曾做过这样一个实验：

一位教授向学生们介绍了一位著名的化学家——来宾·比尔博士。在课堂上，博士从包中拿出一个装着液体的玻璃瓶，说道：“这是我正在研究的一种物质，它的挥发性很强，当我拔出瓶塞，马上就会挥发出来。但它完全无害，气味很小。当你们闻到气味，请立即举手示意。”

相比于真相本身，人们更在意真相是谁说的

说完之后，博士便拿出一个秒表，并拔出瓶塞。一会儿工夫，只见学生们从第一排到最后一排都依次举起了手。但是后来，心理学教授告诉学生，比尔博士只是本校的一位老师化装的，而那个瓶子里装的也仅仅是蒸馏水而已。

为何对于本来没有气味的蒸馏水，多数学生却认为有气味呢？这便是现实社会中普遍存在的一种社会心理现象，即“权威效应”。所谓的“权威效应”，就是指如果说话的人地位高、有威信、受人敬重，那么他的话和行为就极容易引起别人的重视，也就是我们平时所说的“人微言轻，人贵言重”。

生活中，“权威效应”有着极为广泛的应用。比如某个商家为了使产品更能使人信服，便会让权威人士做广告宣传，而消费者也正是在被权威人士的“洗脑”作用下而产生购买意向的。比如在辩论说理时，我们也经常引用权威人士的话作为论据，以增强自己的说服力。在人际交往中，利用“权威效应”能够达到引导或者改变对方的态度和行为的目的。

事实上，权威人士之所以能利用自己自身的“光环”，改变人的思维或行为，是因为其抓住了人性的“特点”。首先是人人都有寻求“安全感”的心理特性。权威人士已经在多数人的心中形成了“正确楷模”的意识，服从他们会给自己带来心理上的安全感，增加安全的“保险系数”；其次是由于人人都有被他人“赞许”的心理需求，认为如果与权威人士的行为相符合或者按照他们的要求去做，会得到社会各方面的赞许和奖励。抓住人性的“特点”，让多数人依赖他，这便是权威让人服从的秘密，而在绝大多数情况下，人们根本无法察觉到。

麦哲伦是举世闻名的航海家，他的航海成功正是得到了西班牙国王卡洛斯一世的大力支持，才完成了环球一周的壮举，从而证明了地球是圆的，改变了人们一直以来“天圆地方”的观念。麦哲伦在刚开始是如何说服国王赞助并支持自己的航海事业的呢？原来，麦哲伦是请了当时十分著名的地理学家路易·帕雷伊洛和自己一块去劝说国王。

那个时候，因为受哥伦布航海成功的影响，很多骗子觉得有机可乘，于是便都想打着航海的招牌，来骗取皇室的信任，从而骗取金钱，因此国王对一般的所谓航海家都持怀疑的态度。但是与麦哲伦同行的路易·帕雷伊洛却是当时久负盛名的地理学家，也是人们所公认的地理学界的权威人士，国王不但尊重他，而且对他十分信赖。

路易·帕雷伊洛给国王历数了麦哲伦环球航海的必要性与各种好处，让国王心悦诚服地支持了麦哲伦的航海计划。正是因为相信权威的地理学家，国王才相信了麦哲伦；正是因为权威的作用，才促成了这一举世闻名的成就。

事实上，在麦哲伦环球航海结束之后，人们才发现，那时候的路易·帕雷伊洛对世界地理的某些认识是并不全面甚至是错误的，得出的某些计算结果也与事实有偏差。不过，这一切都无关紧要，国王正是因为受权威的暗示效应——认为专家的观点不会错，从而阴差阳错地成就了麦哲伦环球航行的伟大成功。

其实，在现实生活中，我们每个人的行为或观念都在不知不觉中受“权威效应”的影响，比如在商场里面对诸多洗护用品时，我们会选择自己所崇拜的明星代言的产品；听了某位专家的“忠告”，我们会改变自身的一些行为或习惯……相信权威，是每个人的基本心理。在很多时候，权威人士的确能对我们的选择、行为产生一定的积极的引导作用，但是物极必反，如果生活中我们一味地迷信权威，放弃自己的判断和主见，是绝对不可取的，也正如古人所说的“尽信书，则不如无书”。

我们经常会被“自己人”牵着鼻子走

张华是一家科技公司的老板，某天一位陌生男子来到他的办公室向他推销某种科技管理软件。对方滔滔不绝地介绍产品的功能，最后还拿出产品说明书，想让张华更详细地了解产品。对此，张华很是反感，因为他马上要给员工开例会，为了尽快将销售员打发走，便干脆说：“目前用不到，你说再多，我也不会考虑买！”这位销售员只好尴尬地离开了。

一周后，这位销售员又一次上门，这一次他不直接与张华谈业务，推售产品，而是与他谈起了高尔夫球。因为这位销售员私下里了解到，张华对高尔夫运动很是着迷。销售员的这个行为引起了张华的兴趣，这位销售员本来对高尔夫也是一知半解的，两人却能一直聊着，最终竟然成了好朋友，结果没等业务员开口，张华便购买了他一整套的管理软件。

生活中，我们可能也曾有过类似于张华的经历：突然对一个你曾经反感的人产生好感，那是因为对方的某些做法让你觉得他是“自己人”。这便是心理学中的“自己人效应”，即人们往往会对“自己人”所说的话、表达的某种观点和立场更为信赖、更容易接受，甚至会对对方提出的难为情的要求，也不太容易拒绝。

其实，“自己人效应”在生活中有着极为广泛的应用，我们在生活中所做出的一些事后令自己感到“不可思议”的行为，都是“自己人效应”的结果。比如在生意场或谈判桌上，合作伙伴会事先通过“攀关系”的方式将我们变成他们的“自己人”。在关键时刻，当对方提出要求时，我们会因为不好意思拒绝对方而做出一些违心的行为，甚至还会违背自己的原则去做出让步。另外，在公司里，一位老板总是以和颜悦色的态度对待我们，我们就不会想着跳槽，甚至还会全身心地努力工作……“自己人效应”是一种心理学效应。多数人如果觉得对方是“自己人”，就会对之推心置腹，给予特别的信任，会很容易答应对方的一些请求。

共同点或相似性，可以迅速拉近人与人之间的距离

张莉是一家公司的人事部招聘人员，她永远也忘不了那一天面试时的情形。

那一天，前来面试的是一位小姑娘，长得清秀，刚从一所普通院校毕业，要应聘财务助理的工作。与其他的竞争者相比，她本人并没有什么优势：学习成绩一般，看起来也不像是会与人打交道的人。张莉像往常一样，例行公事地随意问了她几个常规问题，对方的回答也并未给人带来惊喜。这位小姑娘也感觉到自己的条件并不好，脸上的表情有些失落。但她知道，这份工作对她来说很重要，不能就这么轻易放弃。于是，在她准备离场的时候，她突然微笑着问张莉："老师，听您的口音应该是东北人吧？"

张莉抬起头，有些吃惊地点头道："没错啊！"

小姑娘接着说："我是吉林市的，不知道老师您是……"

张莉惊讶地回答道："那可太巧了，我也是。"

小姑娘回答道："真是有缘分，没想到在这里还能遇到老乡！"接下来，两个人便用家乡话闲聊了几分钟。

整个面试下来，张莉便记住了这位表现并不出彩的小姑娘，甚至莫名其妙地对她产生了好感。

一周后，那位小姑娘果然接到了人事部的通知，得到了一份理想的工作。

我们的行为之所以会莫名其妙地受人牵制，很多时候就是受"自己人效应"的影响。当然了，在生活中，"自己人效应"既能对我们产生积极影响，更能对我们产生消极影响，它固然能拉近人与人之间的距离，让很多棘手的事情变得容易起来，但在一定时候，它也会诱使我们丧失个人原则，做出不明智的行为。对此，要避免这种情况的发生，我们就要学会勇敢地说"不"，只要是违背原则的事，即便面对再亲密的"自己人"，也要懂得拒绝。

亏欠心理：
我们就是这样不自觉地受人控制的

A：“你明天上班，要忙的事情应该不多吧？”

B：“应该不多，该完成的任务都审核过关了！”

A：“那你明天就请假过来帮我个忙吧！我明天搬家！”

B：“明天搬家？为什么不等到周末呢？”

A：“唉，别提了，房东急着要出国，把房子提前卖给别人了！催着我赶紧搬，房屋的新主人马上要住进来了，明天是最后期限，必须搬！”

B：“那么急呀！”

A：“是呀，东西太多了，你明天必须过来帮我呀！”

B：“好吧，如果明天没事，就请假过去！”

A：“能开车过来吗？因为新的住址比较远，需要用车！”

B：“什么？我的车拉不了什么东西的！”

欠是一种心理负担，只有通过补偿和弥补，才能得到解脱

A：“因为时间太紧，我没有约到合适的搬家公司，只能麻烦你了，谁让你是我最好的朋友呢！”

B：“唉，好吧，好吧。仅此一回，下不为例啊。”

这样的对话是否很熟悉，我们大家或多或少都遇到过类似这样让我们无奈又无法拒绝的请求。其实提需求的A，是一个熟练的“心理操控者”，他的提问方式也十分典型。首先，提问者对于自己提出的问题会得出什么样的答案是十分清楚的，所以他采用封闭式的问法，而不是问“你明天有空吗”，因为如果是开放式的提问，他便无法把握了。

得到了他想要的回答后，在第二个问题中，A只是提出了一个含糊的请求，对方便跟着他的思维，最终不得不答应了他的请求。然后，操控正式开始。

其实，在上述这个对话中，我们会发现，A在提要求的过程中，他是一点点地把缺失的元素补充完整的；而这些本来应该一开始就交代清楚的元素，是A在不知道B是否会同意的前提下，一点点地让对方答应自己的请求的。心理学研究表明，当我们答应一个人的请求后，即便是最终给出的信息与之前的完全相反，我们还是很难全身而退，因为人人都有亏欠心理，在你当初答应人家的时候，就在无形中形成了“亏欠”对方的心理，进而当对方提出十分让人为难的请求时，你也会因为“亏欠”而无法完全拒绝对方，这便是心理学上所说的“亏欠效应”，即指人们永远无法忍受自己亏欠他人。

“亏欠效应”被广泛应用于生活中，很多人就是在“亏欠”中，不自觉地受制于人。比如商场搞活动时，会采用“先尝后买”的方式让品尝过的消费者在产生亏欠心理后，而不得不购买产品；比如一个人向你提出要求时，会先提一个让人无法拒绝的要求，然后一步步地让对方答应自己后面的要求……

一天，陈杰去拜访一个女客户，当时客户正在厨房忙着收拾，而她的女儿正在客厅的地板上大声哭。陈杰见状连忙蹲下来对小孩说：“小朋友呀，不要哭，看叔叔给你变魔术。”

然后，陈杰就变魔术般地拿出了两个棒棒糖，变出了一个会走路的小鸭子，并跪在地上为孩子演示，孩子马上破涕为笑。这一切，都被在厨房的妈妈看在眼里。

很快地，客户就痛快地与陈杰签订了合同。

试想，有谁会去拒绝一个愿意跪在地上与小孩一起玩耍的人呢？这个小举动虽然不算什么，但正是它的“小”体现了陈杰的细心与爱心，让女客户在产生“亏欠”心理后，只好接纳他，进而接纳他的产品。

生活中，我们每个人几乎都受过“亏欠效应”的影响，那些高超的“操控者”，总是会在事先采取巧妙询问或者对人给予“小”恩惠，然后让人在不自觉的情况下改变自己原本的行为方式。要避免“亏欠效应”对我们所产生的消极影响，就是要学会在他人向你提要求时，勇敢地说“不”，以免受他人的摆布。

我们的思维防线是如何被“攻破”的

劳拉出身于一个知识分子家庭，从小乖巧听话，她富有耐心，个性温和，是难得的贤妻良母。和皮特结婚后，她一直做家庭主妇，结婚 25 年，她第一次去看心理医生。她对医生这样倾诉自己的苦闷：“我已经拥有了一切，本该幸福感十足才对，可总是有一种无形的压力让我无法喘息。”然后，她便开始讲述自己与丈夫之间的问题。很显然，那已经让她心烦意乱、惶恐不安。

原来，这么多年来，劳拉都生活在丈夫的“专政”下。在孩子面前，在外人眼里，丈夫是一个难得的好男人：事业有成，柔声细语，他注意自己每一个细小的动作，所以从来没有怀疑过劳拉是一个不幸福的女人。实际上，劳拉的生活是极为悲惨的。她说道：“我周围的人，包括经常在一起聊天的闺密都不知道我与他之间的真实状况。几乎所有人都觉得，我嫁了一个好男人。可我该如何告诉他们事实的真相呢？我要怎样跟他们说我的丈夫在家里根本就是一个‘独裁者’？”

她说，丈夫几乎在每一件事情上贬低她，他不会对她凶，反而会柔声细语，可是无论她如何做，他都会给予否定。她购物回来，他会十分严厉地责备她：“真是个蠢货，怎么又被骗了！”“下次你该小心点，别再买这种没用的东西回来了！”“这么难看的衣服，价格又这么高，你的眼光可真差！”等等。他甚至还会强迫妻子去商场退掉。对于家务，无论劳拉如何用心去操持，皮特总是以轻视的口吻对她讲：“整了一天，还这么乱！连这点小事都做不好！”“衣服不该这么叠，看上去很难看！”在皮特眼里，劳拉做的饭永远那么难以下咽，即便比饭店里做得还好。

很明显，劳拉已经完全变成了“囚徒”，但她并不知道自己根本没有机会去改变这一切。在她生完第一个孩子时，她曾想出去学习财务知识，然后去公司谋一份工作，可是她的丈夫经常批评她，说她什么都做不好。本来对自己就缺乏信心的劳拉，而且家里又不缺钱，于是，她便很快地默认了“学习对她本人来说没什么用处的‘事实’”。就这样，她总是与改变自己命运的机会擦肩而过。类似的事情还不少，久而久之，劳拉终于觉得自己是“无能的”“智商低下的”“毫无价值的”，逐渐陷入了对自我的否定。

其实，在现实中，我们很多人也有类似于劳拉的经历：在不断被人否定的暗示中，最终否定自我。这便是心理学中的“暗示效应”，即指在无对抗的条件下，用含蓄、抽象诱导的间接方式对人们的心理和行为产生影响，从而诱导人们按照一定的方式去行动或接受一定的意见，使其思想、行为与暗示者期望的目标相符合。

“暗示效应”常被一些别有用心者应用于生活中。当一方处于劣势的地位时，另一方则会运用各种“暗示”法，使前者按照自己的想法去行动，这也是大脑被他人入侵的一个重要特征。当我们的思维防线被“攻破”之后，就会连对方的欺骗和操纵都很难意识到，这也是一种极为高级的操纵。

积极的暗示能够成就一个人，而消极的暗示则能毁掉一个人

“暗示效应”要对人真正起作用，是一个长期、重复的过程。也就是说，操控者“攻破”我们的思维，控制我们的意识或行为并不是一蹴而就的，多数情况下他们都是从细小的事情开始对人实施“暗示”的。他们不动声色地重复他们的观点或看法，慢慢地禁锢我们的感觉。他们可以熟练地掩饰施加给我们的压力，而当我们对感受到的正在发生的事情产生疑问的时候，也正是我们体验这种压力的时候。所以，生活中，要真正摆脱他人的掌控，

不受“暗示效应”对我们所起的消极影响，就一定要学会清醒地对待各种语言、行为情境、表情、动作等暗示。当我们感受到来自他人的暗示，甚至已经因此而导致自己身心发生变化时，一定要注意分析暗示的来源、原因以及对自己的作用，尽量做到接纳积极暗示，摒弃各种消极的暗示。

藏好你的“弱点”，别被人轻易识破

生活中，你是否经常感到自己总是会屈服于他人的意志，总是没办法说出自己的看法、建议甚至是内心最真实的感受？很多发自内心的话，即便是到了嘴边，却又咽了回去。你不停地告诉自己：“好吧，好吧，息事宁人总比招惹麻烦让自己烦恼的好。谁让自己是个老好人，哪能斗得过那些气场强大的人呢？”你时时能够感受到自己内心的气愤和恼怒，即便你满足了周围所有人的要求，你就是不知道该怎么办！

很多时候，控制我们的人还是我们身边最亲近的人，他们极容易就能够看透我们内心的需求与渴望。他们掌握了我们内心的脆弱之处，才会对我们施加影响。我们的脆弱与无助在他们眼中，正是可以利用的绝佳弱点。他们掌握了我们内心的脆弱之处，将之当作操纵我们的“筹码”。如果你对自己的身材很敏感，操纵者便会在你面前提及“体重”的话题，让你感到无所适从；如果

人总是喜欢掩盖自身的弱点，唯恐不能将仅存的强项曝于人前

你对学习成绩很在意，操纵者便会毫不犹豫地提起关于学习不好找不到好工作的话题，让你感到焦虑和无助。这便是心理学上的“布朗定律”，即指一个人一旦找到了打开某人心锁的钥匙，往往可以反复地利用这把钥匙去打开他的某些心锁。“布朗定律”是由美国著名的培训专家史蒂文·布朗提出的，它告诫人们，如果你知道别人最在意什么，别人的意愿就会在你的把控之中。很多时候，我们容易被别人掌控多是因为我们软弱的内心。我们总是被操纵者的外表迷惑，认为他们很自信、强大，其实，他们同样处于高度的焦虑状态中，只是他们会通过各种伪装，再加上他们善于对别人施加影响，使他们显得很强大的样子。

你可能会问：“我也想摆脱别人的操纵，但我不知道从何做起。”其实，要摆脱别人的操纵，最为关键的就是不要轻易暴露自己的“弱点”或者“意图”，不要轻易被人看穿。

建安三年，刘备苦于没有栖身之地，只好率众投奔了曹操。刘备深知曹操生性多疑，对身边的人总是留有戒心，为了不让自己那么引人注目，免得曹操加害自己，他不得不想办法伪装自己。

刘备平日里对曹操百般奉迎，在空闲的时候便到后园种菜，每天亲自浇水灌溉。关羽、张飞见状，责问刘备说：“大哥不去留意天下大事，怎么做起这些低等下人的事来了。”刘备笑了笑说：“二位贤弟日后便知。”

有一天，刘备一个人在后园浇菜。突然，张辽、许褚来到园中对刘备说：“丞相有请。”刘备怀着忐忑的心情，跟随二人来到了相府。

刘备来到相府以后，刚一见到曹操，曹操就非常严肃地问他：“你近来做了一件好大的事啊！”

刘备暗暗吃了一惊，莫非我与国舅董承密谋设计曹操的事泄露了？刘备一时不知如何回答，他只得站在一旁，一言不发。

曹操看到刘备那种无助的样子，微微一笑说：“玄德学种菜不易吧！”

原来问的是这件事啊，刘备悬着的心一下子放了下来。于是轻松地回答曹操说：“不过无事消遣罢了。”

接下来二人开始青梅煮酒，聊起天下形势。几杯酒下肚后，曹操指着远处阴云翻腾、龙卷风狂暴的天气说：“现在正是春深 jf 时节，龙也乘时而变化，由地面升腾于儿霄。我看世间英雄也可比作龙，大凡英雄人物都能屈能伸。玄德走南闯北，你觉得谁可称为当世之英雄？”

刘备先是谦虚，假装不知何人可称英雄，在曹操的再三追问下，刘备提到了淮南的袁术、河北的袁绍、江南的刘表、江东的孙策、益州的刘璋，说他们可以称为当世英雄。可是这些人通通被曹操否定了。

刘备一看自己说的英雄都被曹操否定了，只得无奈地说：“这些人都是我所仰慕的人，除此之外，我就不知道了。”

这时曹操站起身来说道：“依我看，能称得上英雄的，普天下只有你和我！”

刘备当时就吓了一跳，手中的筷子都掉到了地上，正巧这时有一阵雷声刚过，为了掩饰自己的失态，刘备乘机说：“这雷声太可怕了，吓了我一跳。”

见刘备被雷声吓得如此，曹操大笑道：“大丈夫还惧雷声？”

刘备自我解嘲说：“圣人云：‘迅雷风烈必变嘛！’”曹操看刘备又胆小又怕事，不像是成大事的人，所以也就不再留意他了。

刘备学种菜完全是故意做给曹操看的，让其觉得自己胸无大志，这样曹操就不会有所戒备。如果刘备暴露了自己的意图，让曹操认定他就是当世之英雄，那么必然会招致祸患。

真正聪明的人会在必要的时候装糊涂，把自己的雄心壮志隐藏起来，让对方认为自己胸无大志，对他构不成威胁。这样不但可以自保，还可以为以后的发展积蓄力量。生活中的竞争无处不在，要想不被人随意掌控，最为关键的就是要尽量避免暴露自己的意图，然后才有可能不断地走向成功。

别让他人轻易"动摇"你的意志

每个人都有面临抉择的时候，大到择校、就业，选择婚恋对象，小到挑选商品，选择哪条线路出行。作决定之前，我们或多或少都会向朋友、家人、同事征求意见，即使心中有了主意，也还是想听听别人的想法。假如身边的人和我们的想法一致，那么我们可能会欣喜，但是如果出现相反的情况，我们就很难坚持自己最初的观念了，心理学上把这种现象称作"韦奇定律"。

韦奇定律是由美国洛杉矶加州大学经济学家伊渥·韦奇提出的，他认为："即使你已经有了主见，但如果有 10 个朋友的看法和你相反，你就很难不改变自己原来的看法。"这是因为我们意志不坚定吗？其实不是的。我们在作决策前，之所以要向他人咨询意见，是为了掌握更全面丰富的信息，以更好地理解和分析问题，以便于纠正偏差，做出最切合实际的决定。当大多数人的意见和我们不一致时，我们自然会奉行少数服从多数的原则，选择听从大众的意见，放弃自己最初的主张。问题在于大众都认可的事情未必是正确的，大众所选择的道路未必适合我们，我们为了少犯错而广泛征求意见，却极有可能被多数人的言论误导。

韦奇定律告诉我们，我们很容易被别人的意见左右，尤其易于屈从于多数人的意见。每个人站在十字路口，不知道向左走还是向右走时，通常比较茫然，就算选定了方向，也还是担心会走错路，所以才会把周围的人当成“智囊团”。通常情况下，别人并不能为我们选择正确的道路，因为别人的感受并不能代替我们的感受。由此看来，没有主见乃是人生的大忌。

其实有主见的人，也有可能受韦奇定律的影响。因为站在多数人的对立面是需要勇气的，不是所有人都能像但丁那样，掷地有声地说一句“走自己的路，让别人说去吧”，然后毫无负担地坚持自我，不会因他人而轻易“动摇”自己的意志，实现自我人生的价值。

女科学家罗莎琳·苏斯曼·雅洛从小就有着与众不同的一面，儿童时期她就经常自己拿主意。一旦决定的事，就会按照自己的想法去行动。有一次母亲带她外出，回来时她怎么也不肯顺着原路走，无论母亲怎么规劝，她仍然坚持要走一条新路。为此，母女俩在大街上僵持了很久，引来了很多人围观。面对这种情形，母亲真是哭笑不得，最后只好妥协了。

少女时代，她读完居里夫人的传记后，便立志成为一名科学家。她认定成为像居里夫人那样献身于科研的工作者就是自己毕生的追求，当周围的人知道她的想法时，几乎都觉得她是在做白日梦，没有一个人支持她。高中毕业后，母亲想要把她培养成一名小学教师，然而她依然做着自己的科学美梦。

读完大学，父亲建议她到中学教书。家人都认为对于女孩子来说，能有一份谋生的工作就不错了，奉劝她不要再痴心妄想了。罗莎琳说："居里夫人也是女人，她能做到男人都做不到的事，我相信我也一定能做到，我想成为她那样的人，为科学奉献一生。"她同时向父母保证绝不会为了事业耽误家庭，将来一定会成为一个贤妻良母。

罗莎琳在通往科学殿堂的道路上艰难求索着，但在当时的时代，女人社会地位不高，在科学界很难受到重视，她很难拿到研究院的津贴，但是她要当科学家的决心并未因此而动摇过。后来，她被伊利诺斯大学破格录用了，成为一名助教。若干年后，她凭借着在医学上的特殊贡献先后获得了12个医学研究奖项。1977年，她荣膺诺贝尔生理学或医学奖，终于成为像居里夫人一样受人尊敬的女科学家。

罗莎琳的故事告诉我们，我们应当矢志不渝地坚持自己所选择的道路，无论有多少反对的声音，也无论有多少人质疑，只要我们做出

在做选择时，个体往往会委屈自己，遵从多数人的意见或建议

了决定，就不能轻易放弃，不能轻易让别人的言论动摇自己的意志。正如巴甫洛夫所说的那样："倘若我坚持什么，即使用大炮也打不倒我。"若是有了这样的信念和勇气，那么做任何事情都会成功的。

不要害怕，旗帜鲜明地亮出自己的观点。每个人都有自己独立思考的能力，即使得不到别人的认同和支持，也不要轻易放弃最初的想法。别人的决定不能代替你的决定，没有人可以替你规划人生，脚下的路还是要由自己来走。一旦有了目标，就要勇往直前地坚持下去，千万不要因为别人的议论和质疑声而停下脚步。

阿伦森效应：别患上赞美“依赖症”

在社交场合中，那些善于巧妙夸赞别人的人总是采用先抑后扬的方式，善于奖励的人总是把最大的惊喜留在后面，二者运用的都是阿伦森效应的原理。阿伦森效应揭示的是这样一种心理现象，人们会随着奖励的不断减少变得消极，随着奖励的不断增加而变得积极。阿伦森认为，人们喜欢那些对自己的喜欢、奖励、赞扬不断增加的人，是因为褒奖的减少会给人造成一种挫折感，这种挫折感会引起人们心理上的极度不适。

阿伦森曾经做过一项著名的心理学实验，他让四组受试者分别对某个人进行评价，第一组人员始终对他赞美有加，第二组人员一直都在贬损他，第三组人员采取的是先褒后贬的评价方式，第四组人员采取的是先贬后褒的评价方式。测试的结果是，被评价的人对第四组人员最有好感，对第三组人员最为反感。这个实验充分证明了阿伦森的猜想。

在现实生活中，阿伦森效应是非常常见的，比如初出茅庐的大学生作为职场新人，小有成绩后自然会受到上司和老板的表扬。但工作时间长了，大家对他的出色表现已经习以为常了，他听到的表扬声就越来越少了，久而久之，他便感到自己在公司里无足轻重，挫折感越来越强烈，工作积极性大为降低。上司和老板对此也会感到不满，批评声越来越多，大学生内心的挫折感进一步加剧，工作效率越来越差，给别人留下的印象越来越糟，随后便陷入恶性循环之中。实际上，阿伦森效应告诉我们，要客观地看待表扬和批评，切不可因为外界强加给自己的毁誉而影响了平静的心境。

患上赞美“依赖症”的人，
往往听不得一点反面意见

马克·吐温曾写过一篇名为《羊皮手套》的小说，故事是这样的：我到百货商店购买羊皮手套。漂亮的女店员给了我一副蓝色手套。我说我不喜欢蓝色，女店员却说我的手和蓝色很配，听到这番恭维话，我忍不住瞄了自己的手一眼，竟也觉得柔和的蓝色很适合自己。我把左手伸进手套试戴，发现自己的手太粗大了，根本就没法把它塞进那只小巧精致的手套里。女店员却说刚刚好。我听了这话心花怒放，使劲地拉扯手套。女店员又说：“一看就知道您平时是戴惯了羊皮手套的，不像某些人那样笨手笨脚。”我又听到了一句恭维话，更努力地拉扯羊皮手套，拼命把自己的手掌往里塞，一不小心把手套扯碎了，上面出现了一道大口子。女店员仿佛什么也没看见似的，还一个劲夸我有经验，我一用力，手套的背面又开了个口。女店员继续喋喋不休地夸奖我："这双手套简直就是为您定做的。我以前一直不知道什么样的先生适合戴这样的手套，您戴着它显得非常大方得体。"就在这时，手套的指节也裂开了。那只手套顷刻间就变成了一堆满是裂口的破布，我实在不好意思还给人家，只好佯装高兴地说："这双羊皮手套挺合适，我很喜欢它。另外一只不用试了，我到街上戴上就行了。店里太热了。"我一面说着，一面付了钱，狼狈地离开了百货商店。

《羊皮手套》的故事告诉我们，在别人的恭维面前，一定要保持清醒和理智，否则就会把自己推向窘境。赞美对每个人来说都是多多益善的，他人的赞美确实可以增强我们的自尊心和荣誉感，但如果我们太过依赖外界的赞美，就会沦为别人的附庸。虽然我们不能像庄子那样，达到"举世誉之而不加劝，举世非之而不加沮"的思想境界，但是至少应该做到正确地对待赞美和批评，既不要让自己被赞美声冲昏了头脑，也不要让自己被批评家的口水吞没，任何时候都保持一颗平常心，尽量看淡世间荣辱。

受到赞美时，人通常的反应是欣喜万分；受到批评指责时，会倍感失落。赞美就像糖果，我们得到越多，心里越甜；得到越少，心里越不是滋味。所以，我们做事的动力和幸福的感受掌握在别人手里，别人可以很慷慨，也可以很吝啬。如果我们不能摆脱对外界的依赖，就永远会被别人牵着鼻子走。不妨把赞美和批评看得淡一些，这样我们才能更好地坚持自我。

别被之前的各种“经验”驱使

人的思维普遍遵循着一种定式，最典型的例子就是我们所熟知的郑人疑斧的典故，说的是有一个姓郑的人丢了斧子，怀疑被邻居的儿子偷去了，于是郑人观察他走路的姿势和脸上的神情，无论怎么看都觉得他就是一个盗贼。后来找到了斧子，再去观察邻居的儿子，忽然觉得对方的一举一动都和盗贼相去甚远了。这就是定式效应在起作用。

定式效应是指人们的认识局限于已知的信息和过往的经验，从而形成的一种固定的思维模式，使得人们总是会以老眼光和旧模式去观察人或事物。从这个角度上理解，一味地“守旧”、过去的经验等，也是操纵大脑最重要的因素之一。曾有一个心理学家做过测试定式效应的实验，把同一个人的照片分别给两组受试者看，对第一组人说此人是一个臭名昭著的罪犯，对第二组人说此人是一个受人尊敬的知名学者。照片中的人物特征为双眼深陷、下巴翘起，结果第一组受试者认为他凹陷的眼睛透出狡诈、残忍的光芒，翘起的下巴显示出顽固不化的性格；第二组则认为他深陷的双眼透露着智慧，一看就知道他是一个思想深邃的学者，翘起的下巴则显示出其顽强不息的精神。

为什么面对同一个人两组人员的评价会如此不同？答案是他们都受到了定式效应的干扰。当被告知照片中的人是罪犯时，人们通常会以审视罪犯的眼光来审视这个陌生人，所以从对方的面部特征上解读出了狡猾、凶残等信息。而把这个人当成著名学者来看时，人们则不自觉地把一些美好的品质加在了他身上，把对方描绘成了睿智、博学的好人。这足以说明人的认知是受先前积累的知识和经验束缚的。

定式效应反映的是一种根深蒂固的惯性思维方式，它会不知不觉地渗入我们的潜意识之中，限制我们的自由想象和思考，把我们引向一条看似合理但却错误的道路。如果我们不能摆脱定式效应的影响，就会被过去的经验套牢，判断事物时经常会出现偏差，处理问题时也极容易陷入困局。

对于成功的足迹，有人视为路标，有人视为框框

美国科普作家阿西莫夫天资聪颖，智商在160分左右，堪称天才。为此，他一直十分得意。作为高智商博士和知名作家，似乎没有什么事情能难倒他。令阿西莫夫万万没有想到的是，自己会被一名汽车修理工提出的问题难住。

那名汽车修理工有一天对他说："博士，让我出一道题检测一下你的智力，看看你能不能说出正确答案。"阿西莫夫接受了这个挑战，他认为一个学历不高的修理工并不能提出什么高深莫测的问题。修理工问："有一位聋哑人到五金店买钉子，他朝售货员打手势说明自己想要什么，将左手两指立在柜台上，右手握拳做出敲打的动作。售货员给了他一把锤子，他摇了摇头，特地指了指立在柜台上的两根指头。售货员恍然大悟，把钉子递给了他。聋哑人刚离开，有一位盲人走进了商店，他想要买一把剪刀。你认为盲人会怎么做？"

阿西莫夫心想这个问题太简单了，于是边打手势边说："他会做这个动作。"他伸出了两根手指，做剪刀状。修理工一听忍不住哈哈大笑："博士，你答错了。盲人买剪刀只要说一声自己想要什么就行了，根本用不着做手势呀。" 阿西莫夫这才意识到自己犯了低级错误。修理工又接着说："我早就料到你会回答错误。因为你受过太多教育，所以看上去很聪明，实际上却不是这样的。"

博士因为储备了太多的知识，头脑反而不如一个修理工灵活，可见，知识和经验也会成为人的负累。一个人掌握的知识越多，积累的经验越丰富，就越容易形成思维定式，而这种思维方式常把人带进固有的路径和模式，使人陷入思考的误区，对此我们一定要加以警惕。

人的思维空间本该是无限延展的，可以容纳亿万种可能性，然而由于定式效应的干扰，我们的思维被限制在一个狭小的区域，那个区域是我们所熟知的，也是阻碍我们探求其他路径的最大障碍，我们必须排除这种干扰，才能找到更有创意的解决方法。

攀比效应：别人都有，我也一定要有

生活中，你是否有这样的时刻：看到身边的大多数人购买了某品牌的智能手机，而你本来有一部还不错的手机，但是为了面子，也鬼使神差地去购买了一部；某个夏天，看到周围的人都穿某品牌的套装，你也开始去关注那个品牌的服装……这其实就是心理学中的“攀比效应”，即指当一款产品、服务或者身份比较容易获得，并且开始逐渐形成一种趋势，人们便会产生一种感受：别人有了，我也得去搞一个。尽管这个东西对个人不一定很有用，但是如果你没有，就会觉得低人一等，觉得自己落后于人。所以，当某件事物或潮流一旦被推广到某个爆发点，就会被人竞相购买和追逐，更快地发展蔓延开来。

生活中，人人都或多或少有点虚荣心，对某样东西，在看到别人都“拥有”的情况下，觉得自己没有是一件丢人的事，于是即便自己不需要，也会不自觉地去关注某样东西，最终去占为己有。在生活中，很多销售商、广告商都会运用这种群体心理去引导消费者的购买行为。

一位爸爸领着儿子走进手机卖场，准备为刚上高中的儿子选购一款手机。面对种类繁多的手机，父子俩很快就乱了阵脚，儿子要买这款，父亲要买那款，争执很久还是决定不了，儿子烦躁极了，赌气说“不买了”，转身便要回家。

柜台经理见状，赶紧迎上前来，一边劝说着气急败坏的孩子，一边拿出两款还没有给他们看过的手机推荐着：“这两款手机都是最新的款式，价格适中。这款手机的各项功能都特别适合你这个年龄段的孩子使用，我们这款手机的消费群体，主要就是13周岁到17周岁的青少年。选择这款手机绝对是明智的，这款手机的性能在你的同学中间，绝对是最好的，我儿子使用的就是这款手机。”听完经理的介绍，孩子的眼睛亮了。结果可想而知，没有人能够拒绝成为同龄人中“最棒的”这样的诱惑。

消费者的攀比心理是基于消费者对于自己所处阶层、身份和地位的归属感需求，从而参照所在阶层人群的消费层次而进行消费的行为。相对于消费者的炫耀心理来说，攀比心理更在乎“有”，简言之，就是你有的我也要有。销售员在推销商品的时候，只要抓准消费者的这个心理，就能达到很好的说服效果。

在职场中，同事与同事之间也难免会攀比。今天可能会比谁的衣服好看，明天可能会比谁的职位升得快，后天可能会比谁的男朋友或老公更阔绰，总之人与人之间能够攀比的内容多种多样。有人说攀比是一种消极的情绪，人为了满足一时的虚荣心而使自

攀比是诸多烦恼产生的根源之一

己陷入消极的情绪中，很容易让人迷失自己。比如，女性 A 看到女性 B 购买了一款漂亮的名牌包包，女生 A 觉得很好看，于是心里便暗暗下决心要存钱买一款比 B 更好看、价格更贵的。后来包包是买了，面子是挂住了，可是里子里自己的信用卡却被透支了，虽然得到了包包，却身心疲惫。攀比固然降低了人的幸福度，但从一定程度上来讲，攀比也是让人进步的源泉，正因为有攀比这样的心态存在，人们才会为了追求自己的目标而去前进与奋斗。

“以己之心，度人之腹”容易犯错

在现实生活中，我们通常会想当然地认为，自己喜欢的东西别人也喜欢，自己厌恶的东西别人也讨厌，比如自己钟爱火锅，就以为大多数人也爱吃火锅，觉得肥皂剧无聊，就以为别人也都不喜欢看肥皂剧。这种心理倾向就叫“虚假同感偏差”。

人与人之间的很多矛盾源于“我以为你会……”

虚假同感偏差是指人们总是在无意间高估或夸大自己意见的普遍性，误以为别人的信念、判断和自己高度一致。在虚假同感偏差的影响下，人们会更加肯定自己判断的正确性，更加坚定自己的信念，自尊心由此得到极大的满足，从而产生强烈的自豪感，但同时给人的决策会带来误判。

斯坦福大学的社会心理学教授曾做过两项实验研究虚假同感偏差是怎样影响人们的判断的。在第一项实验中，他要求受试者阅读一份有关冲突的资料，并给出了两种可供选择的回应方式，接下来就让受试者猜测别人会怎么选择，然后说出自己的选择，再分别评价一下选择这两种回应方式的人的属性。结果显示，人们普遍相信别人会做出和自己相同的选择，似乎所有人都认为别人和自己的想法会完全一样，但是事实并不是这样的。教授还发现了一个有趣的现象，那便是当人们得知别人的意见和自己不一致时，就认为对方不正常，这显然是一种偏见。

在第二项实验中，受试者是一批大学生，教授要求学生在身上挂上写有“来 Joe’s 饭店吃饭”的广告牌在校园里闲逛半小时，并对他们说如果他们愿意这样做就能学到有益的东西，如果不愿意可以表示拒绝。结果显示，同意挂广告牌闲逛的学生，62% 认为其他学生也会这么做的；而断然拒绝挂广告牌的学生，仅有 33% 的人认为别的学生会同意挂广告牌。学生的反应和上次实验的结果一样，对于和自己意见不同的人持有很深的偏见，同意挂广告牌的学生认为拒绝的人假正经，而拒绝挂广告牌的学生则认为前者看起来很傻，而且古怪至极。

我们通常会相信自己的好恶和大多数人一样，自己的观点是被普遍认可的，持不同意见的只是少数人，所以一旦遇到与自己意见相左的人就会忍不住大肆抨击。比如豆腐脑的甜咸之争，喜欢咸味的食客想当然地认为往豆腐脑里加糖简直就是脑子有毛病，而喜欢甜味的食客则认为把豆腐脑当咸菜吃既荒唐又可笑。人们总是错误地估计别人对自己的认同感，在这种错觉的影响下，人们出现了认知失调的情况，偏见和错误的判断由此产生。

克雷洛夫曾写过一篇《梭子鱼》的寓言故事，讲述的是梭子鱼秉性极坏，搅得整个池塘不得安宁，严重威胁鱼类生存，愤怒的鱼儿将它告上了法庭。梭子鱼罄竹难书，上呈的罪证堆起来比小山都高，所以大小鱼儿强烈要求把这个恶棍绳之以法。法庭上，被告梭子鱼被装进了一个大木盆里。法官是两头驴子、两匹马和三只山羊，检察官是一只狐狸。

听众席上议论纷纷，大家都说梭子鱼和狐狸有交情，他曾为狐狸举办过一场鱼席宴，法官们没有理会，明确表示他们将对梭子鱼进行公正的审判。法官们一致认为梭子鱼罪恶滔天，必须被处以死刑，于是便判处他绞刑。但狐狸却说："对于像梭子鱼这样罪行累累的恶徒来说，判处绞刑未免太便宜他了。我建议对他施以前所未有的极刑，以此达到杀一儆百的目的。不如把他扔进河里活活淹死吧，这才是有史以来最严厉的处决。"

由于法官都是陆生动物，自然认为这种判决是最严酷的刑法，于是便异口同声地说："这确实是一个好办法。"最后，法庭对梭子鱼做出了判决，处罚是把他扔进河里淹死。

由于法官怕水，便理所当然地认为罪犯梭子鱼也怕水，误以为法庭做出了最公正的审判，但被告（池塘里的大鱼小鱼）显然不是这么认为的，可是在虚假同感偏差的影响下，他们的意见被忽略不计，于是审判便以一种十分滑稽的形式收场了。这则寓言故事反映的就是虚假同感偏差造成的认知偏差，想要避免这种情况出现，我们必须让自己重视而不是忽视不同的意见，同时要注意不能过分关注支持自己观点的证据，而要收集更多的信息，全面了解情况，如此才能做出更加客观的判断。

我们都希望自己的观点能得到广泛认可，所以总认为别人跟自己持有相同的看法。但事实证明，我们的观点只代表个人见解，并不是大多数人的意见，只有认清这点，我们才不会沉迷于虚假的认同感中，偏见和误解才能由此消除。

选择多了，反而会失去主见

选择越多越好是被大多数人认同的一个基本常识，比如购物时，无论走到哪个店铺都能看到琳琅满目的商品，通过货比三家，可以买到性价比较高的商品。可是选择的范围扩大以后，人们又很难判定哪一个才是自己最想要的，思绪游移不定，费神费力，结果很有可能空手而归。这种由于选择太多而拿不定主意的情况就被称为“布利丹效应”。

布利丹效应又叫布利丹毛驴效应，源自法国哲学家布利丹讲的一则寓言故事：有一头小毛驴以前每天都吃一堆草料，有一天主人给了它两堆草料，这两堆草料看起来一样多，而且都十分鲜美可口，小毛驴不知该吃哪一堆好，结果活活饿死了。我们也许觉得这头小毛驴很愚蠢，但小毛驴犯的错误，人类也经常犯，人类的思维能力并不比这头可怜的小毛驴强多少。

心理学家曾做过一项有趣的实验：他在人流量较大的风景区

设置了两个奶茶摊点，其中一个摊点只提供 4 种口味的奶茶，另一个摊点奶茶的种类则较为丰富一些，人们可以品尝到 14 种口味的奶茶。在一个小时的时间内，经过第一个摊点的 102 位游客中，有 21% 的人停下脚步观望，经过第二个摊点的 198 位游客中，有 60% 的人停下脚步观望。显然口味丰富的奶茶引起了更多人的注意，所以路过第二个摊点的人纷纷停下了脚步，但令人失望的是，购买的人却寥寥无几，他们的数量不足 7%。而奶茶种类较少的摊点，却有一半以上的人买了一杯奶茶。由于不知道该选哪杯奶茶好，人们选择了不喝奶茶。看来在面对多样选择时，人类和忍饥挨饿不吃草料的小毛驴几乎没有什么区别。由此可见，很多人是有选择障碍的，选择范围越广未必越好。

选择的因素越多，
越能羁绊我们做出抉择

在西班牙，有一个富商和一个摆摊的小商贩是邻居，两人膝下都有一个儿子，富商的儿子叫布兰科，商贩的儿子叫奥特加。两个孩子在不同的环境中成长，受到的教育也完全不同。

富商对孩子说：“你长大以后想干什么就干什么，人生有无限的可能，想当律师我就让我的私人律师教你法律知识，他可是法学界鼎鼎大名的人物，跟着他学习，你也能成为有名的律师；想当医生我就让我的私人医生当你的老师，他可是当地医术最高超的医生，在他的教导下，你一定能成为一名好医生。假如你想成为影视明星，我会让你到顶级的艺术学校学习，找一线导演和编剧专门为你量身定做角色，到时你一定会大红大紫的。如果你对这些都不感兴趣，想要像我一样做一个成功的商人，那么我会把自己的全部经验毫无保留地传授给你。”商贩对孩子说，“爸爸能力有限，除了会摆地摊，没有别的本事，也教不了你其他的东西，你就跟我一块摆地摊吧。”两个孩子都将父亲的话铭记于心。

布兰科最初的志向是成为一名律师，长大后便报考了法律专业，可是没学多久他就感觉背诵法律条文太无聊了，于是转而学医。做一名医生免不了要成天跟病人打交道，既要解说病情又要安抚病人，需要有十足的耐心，布兰科觉得这份工作并不适合自己的性格，没过几天就放弃了学医，去尝试当演员。后来他又嫌做演员太辛苦，选择了和父亲学习如何经商。不幸的是，恰好赶上了金融危机，父亲的公司倒闭破产了，布兰科最终一无所成。

奥特加跟随父亲摆地摊，饱尝人世心酸，每天不但要遭受风吹日晒雨淋之苦，还时常受气被人看不起。坚持了几天，他就不想干了，但一想除了摆地摊自己什么也做不了，只好咬牙继续摆摊。渐渐地，他长大了，想法也发生了改变，他认为把地摊摆好也能造就一番事业，他是不可能一辈子都摆地摊的。后来他创办了自己的专卖店，又一手创立了庞大的服装集团公司，其品牌服装店遍布全球 68 个国家，他本人则成为世界第二大零售商。

面对多种选择，人们常常会无所适从，在思绪游移不定时很容易将有价值的方案舍弃。而适度地缩小选择空间，反而有助于我们把精力聚焦在最有价值的目标上，只要我们不遗余力地坚持下去，是很有希望把美梦变成现实的。

黑格尔曾经说过：“一个胸怀大志的人，必须如歌德所说，知道限制自己；反之，那些什么事都想做的人，其实什么事都不能做，最终只会走向失败。”是的，我们需要给自己的大脑设置“关卡”，对于那些妨碍我们实现人生目标的东西，一律限制进入，这样就可以有效缩小选择范围，促使我们朝着有限的目标努力，直至达成目标。

第五章
Chapter 5

亲密关系的底层逻辑：足够的理解、尊重、支持和接纳

如何维护好亲密关系，是我们每个人一生都回避不了的问题。可要做到这点，就要懂一点亲密关系的底层逻辑，了解一下亲子关系、情侣关系、夫妻关系等的真正意义，从而让我们修炼自己的内心，规范自己的行为，以正确的方式付出和享受爱。

本章从亲子关系、情侣关系、夫妻关系三个方面出发，阐述了什么是“爱”，爱的真正意义，以及我们在面对不同的亲密关系时，该以怎样的姿态和行为去爱别人，从而使自己的亲密关系进入一种和谐的状态。

爱是足够的理解、尊重和接纳

艾伦是一个高中生，他胆小怕事，性格拘谨而内向。当别人问及他的妈妈，他说："妈妈真的太爱我了，从小到大，她把我保护得很好，不会让我受到一丁点儿的伤害！从上小学开始，妈妈就天天开车接送我上学，直到高中三年级时，她仍旧不肯让我坐校车上学，这也给我带来了莫大的负担。我渴望独立，后来经过我苦苦哀求，她才终于同意让我坐校车。她真的太爱我了！"

生活中，在与父母相处的过程中，很多人曾有过艾伦的经历和感受。父母给予了自己无微不至的关照，但同时也在一定程度上阻挡了我们走向独立、成熟的道路。于是，这种"爱"就成了一种甜蜜的负担。

那么，什么是真正的"爱"呢？在这里，就要给"爱"下一个合理的定义。

美国作家 M. 斯科特・派克在《少有人走的路》中这样写道：

“爱，是为了促进自己和他人心智成熟，而不断拓展自我界限，实现自我完善的一种意愿。”在派克看来，判断一个人爱与非爱最为显著的区别之一，在于一方是否给予了另一方足够的理解、尊重和接纳，在于施爱者与被爱者的意识和潜意识中的目标是否一致。如果不一致，就不是真正的爱。从这一点来分析，妈妈的“爱”限制了艾伦的自由和走向独立，这也阻碍了他走向成熟。当然，更为重要的是，这种“爱”与艾伦内心所真正渴望的独立背道而驰。所以，在亲密关系中，这并不是“爱”。

另外，派克还认为，爱是一个长期、渐进的过程。爱，能让一个人的心灵不断成长和心智不断成熟。换言之，他们的爱，不仅能让被爱者的心智成熟，同样能使自己获益。真正意义上的爱，既是爱自己，也是爱他人。爱，可以让自己和他人都获得成长。不爱自己的人，绝对不可能去爱别人。爱自己与爱他人，其实是并行不悖的两条轨道。这也意味着，爱的基础是在爱别人之前，要先学会爱自己。它就像一个水槽，你爱自己的程度就等于里面的水，当爱的洪流把水槽填满，你会觉得自己好幸福。如果你足够爱自己，即便是洪流退去，你也可以正常地幸福快乐地生活下去。但如果你的水槽里根本没有水，当爱意退去，就只剩一地干涸。这也告诉我们，一个人一生都

跟感觉舒服的人在一起，会很愉快

能幸福满满，那一定是做对了某些事情。美好的爱情应该是丰盈灵魂的自我扩展，让生命获得拥有更多可能性的选择权，而不是一颗缺爱的心拼命去抓住一根救命稻草。

最后，派克还认为，爱需要付出努力。因为爱是不断扩展自己和他人自我界限的过程，所以，爱意味着我们要不断地付出努力，去跨越原来的生命活动界限，不断地去拓展生命的多种可能性……以上就是M.斯科特·派克对“爱”的理解，让我们对亲密关系有正确的认识，帮助我们消除对一些错误行为或观点的认识，进而从不必要的痛苦中解脱出来。

在亲密关系中，要判断一个人是否真的爱你，首先要看对方是否将你当成一个独立的个体来对待，是否给予了你足够的理解、尊重和接纳。生活中，那些所谓的单方面的、一厢情愿的付出，完全不考虑被爱者是否真的需要，这都不是真正的爱。尤其在亲子关系中，一些父母总是打着“爱你”“为你好”的旗号，让孩子完全服从自己，听从自己的吩咐，甚至对他们进行肆无忌惮的控制和情感勒索，给孩子带来一系列的不适感，导致矛盾重重；还有在爱情中，一些人尽管为对方付出了许多，但却因为不懂得尊重对方，从而无法真正地与对方共情，结果招来对方的厌烦或排斥。

在生活中，一个人只有懂得“爱”的含义和如何去爱，才能调整自己的行为，收获良好的亲密关系。

爱情的底层逻辑：“自我”的完善与拓展

在生活中，人人都能张口谈“爱”，但真正懂得“爱”的底层逻辑的人并不多。多数人对“爱”的理解都是：无条件地对一个人好就是“爱”，愿意为对方牺牲自己的一切就是“爱”，这是一种比较狭隘的观念，它广泛地存在于我们周围，包括亲子之间、恋人之间等。我们要知道，任何关系本质上都是“价值交换的平衡”。在一段关系中，只要有一方牺牲，就意味着关系的不平衡。只要有不平衡，就会产生一些抱怨、愤恨、不满，这也是很多矛盾、悲剧产生的根源。

爱别人的前提，是能足够地爱自己

实际上，经济越发达，

人就会越独立。未来社会，随着科技的不断发展，我们会成为极为独立的个体。人一旦走向独立，是需要互相促进、互相成就、互相成全的。世界上没有任何一个人能为你的幸福负责，也没有一个人能毫无保留、毫无怨言且无条件地持续地为另一个人付出，所以，我们不要试图从另一个人那里寻找幸福，而是必须有一种把自己变得完整、成熟且幸福的能力。而要拥有这种能力，就必须使我们的心灵得到成长，心智变得更为成熟。

正如美国作家 M. 斯科特·派克所说："当我们真心地去爱一个人，是因为我们需要去爱别人。但很多人记得在爱情里付出，却忘记了真正的爱情是'自我'的拓展和'自我'人格的成熟和完善，而非'自我'的牺牲或者是对'自我'的禁锢。"

爱情中的我们要认识到，每个生命都是独立的个体，尊重和保持个体的"独立性"，能看见对方的存在，尊重对方的真实意愿和想法，是亲密关系得以健康维系的重要基础，这也是爱情得以长久存续的底层逻辑。可现实生活中，很多人在坠入情网后就会产生一种错觉，觉得爱情是永恒的，觉得两个人应该是"你属于我，我属于你"，于是，就会干涉对方的行为、想法，总想将自己的意志强加在对方身上，想让对方按照自己的意愿去行事，结果却使双方感到不自在和痛苦，因此而一拍两散的亲密关系不在少数。

晴宜的老公周建长得仪表堂堂，是一个标准的帅哥。周建是一家外贸企业的职员，和晴宜结婚后，因为生活压力增大，便努力工作，不到半年便被擢升为公司的业务副经理。从此之后，周建比之前忙碌了许多，几乎天天都有应酬。周建开始早出晚归，虽然对晴宜还是像以前一样甜蜜，但是随着时间的推移，晴宜便开始怀疑：他真的有那么多的应酬吗？

越想越不对劲，晴宜便对周建开始“查岗”，跟踪过几次之后，看到周建与一群男男女女出入酒楼、保龄球馆、咖啡屋等地方，就更加不放心了。她开始苦思冥想，终于想出了一个对策。每当周建说有应酬的时候，她便不动声色，当周建出门后，她便会打电话过去，说自己身体不舒服，或者说自己把钥匙忘在了家中，进不去家门之类的……

健康且舒适的爱情，能够促使彼此的心智变得更成熟

周建是一个很体贴的男人，听到这些消息就会立即回家，回到家中看到晴宜在欺骗自己，先是苦笑，时间久了便开始愤怒、大吵，但是晴宜却铁了心坚持自己的做法。这让周建多次不得不与客户失约，或者半途退场，生意丢了一单又一单。为此，客户说他不讲信誉，经理见他业绩下滑，也给他降了职。面对此种打击，周建痛苦极了，他没想到，原本温柔可人的爱人，怎么结婚后变成了这个样子。后来，在压力下，周建便向她提出了离婚。

在亲密关系中，查岗、跟踪等不信任的行为，就意味着对另一半的不接纳和排斥，而“被接纳”是任何关系得以长久维系的基础。在此，我们又要提及卡尔·罗杰斯的名言：“爱，是深深的理解和接纳。”

心理学家武志红说：“每个人都渴望爱与被爱，大多数人也有过爱与被爱的经历。但是，对于多数人而言，关系越亲密，我们就越渴望将自己的意志强加到对方的身上。那时，我们就是在摧毁对方的真实存在。”所以，真正健康的能够长久的亲密关系，不是简单的给予、单方面一味付出，还包括适当的拒绝、及时的赞美、得体的批评、恰当的争论、必要的鼓励、温柔的安慰、有效的敦促，进而实现“自我”的完善和“自我”的拓展。

亲密关系中的“控制欲”者：失控意味着内心世界的崩塌

一些朋友，经常会向周围的朋友抱怨自己被亲人“控制”的经历：

“我都 27 岁了，生活中几乎没有隐私，经常会被妈妈控制。比如看到我在看恐怖的电视，她会立即关掉电视，说这不利于我的身心健康；我每天出门前，她都会翻看我的包，生怕我落下钥匙、手机等重要的东西；我的手机也经常被她查看……这种控制几乎伴随我成长的过程，记得小时候为了不让妈妈进自己的房间，会把门给锁上，可锁头却被父母拆掉了，自己的日记和手机母亲也会偷看，甚至在长大后，自己在洗澡时母亲也会推门进来，我毕竟是个成年男人，那种尴尬的场面至今让我难以启齿……我经常说她别太干涉我的生活，她却总是说：‘我只是想知道儿子在做什么，难道我有错吗？’”

接受自己不能控制任何人和任何事的事实，是克服控制欲的第一步

“我老婆是一个控制欲极强的女人，手机经常被她翻看，我单位上的同事，她都试图去打听。连我办几张信用卡，她都要一一核实，每个月到手的工资，必须一分不少地交给她……最近，连我出去和谁应酬，她都要追根究底……这种日子真不知道自己还能坚持多久！”

……

那些有着极强控制欲的人，总是希望能对某件事或某个人有绝对的占有权，一切必须按照他们的意思执行，不允许出现任何差错。一旦他们的控制欲未被满足，便容易产生焦虑乃至痛苦的情绪，容易对自己和身边的人造成伤害。另外，控制欲强的人，凡事都喜欢亲力亲为，因为这样就可以让自己获得掌控感。同时，他们对别人办事就不大放心，他人做完后自己必定会再核对一遍。

在亲密关系中，有着极强控制欲的人会呈现出两种状态：如果其在一个家庭或在一段关系中占优势，就会开始领导他人，开启自己的控制模式；如果在一个家庭或一段关系中占弱势，便会感到茫然，会对自己的软弱无能深感自卑和不安。比如，有些控制欲强的父母，在孩子小的时候把他们控制得死死的，但当孩子独立后，发现自己无法控制他时，便会感到茫然、沮丧，还会常常向他人抱怨孩子的所作所为。

从心理学的角度分析，控制欲强者，期望自己范围内的事情都要在他们的掌控之中，任何的失控，无论事情大小，都会让他们感到崩溃。对他们来说，外界的失控，就意味着自己内心的崩溃。接下来，便会陷入焦虑、不安、恐慌等情绪中进行“自我折磨”和“自我攻击”。“内在的崩溃”，用个体心理学的话来说，即瓦解的体验，是一种极为可怕的心理体验之一。所以，为了避免自己长久地经历这种可怕的心理体验，强控制欲者会尽一切可能让事情尽快地恢复控制。而所谓的控制，也就是事情的进展必须与他们想象的是一样的，这不可避免地就导致他们对身边的人实施控制。

强控制欲者之所以会极力地想去掌控，是因为他们内心缺乏安全感。根据玛格丽特·马勒的观点，早期的婴儿一切需求都需要妈妈去提供。如果没有妈妈，什么都做不了，任何的挑战，对他们来说都意味着失控。所以，他们身边必须有一个时刻满足他们需求的抚养者，最好是妈妈。当婴儿饥饿时，妈妈可以供给他食物；当他感到不舒服甚至崩溃时，妈妈的臂弯可以围绕着他。当这些被满足的体验积累多了，婴儿会真切地感受到，事情基本在他的掌控之中，即便是偶尔会有失控感，也不会处于无助的状态。但是，如果早期妈妈对婴儿的需求视而不见或者无法满足他的需求，任由他在失控的状态中挣扎，婴儿就会陷入彻底的无助感或瓦解感中。长大后，这种缺乏安全感的体验便会更为深刻，当外界瓦解时，他们的“自我”也会有瓦解感：我什么都对付不了，我太无助了……因此，焦虑、痛苦、沮丧等感觉便会袭来。为了不让自己陷入这种感觉中，他们便不由自主地会对周遭的一切事或人进行控制，尤其是他们身边的人。换言之，强控制欲者对他人的控制，是为了获得早年遗失的安全感。

那么，控制欲强者该如何治愈自己呢？

其一，要分清你的主观感觉与事实

控制欲强的人，因为分不清主观感觉与事实，所以极容易陷入掌控模式中。比如，一个母亲会觉得儿子的行为只有在自己的控制中，才会少走很多弯路，所以，她会极力去掌控儿子的一切行为。事实上，儿子已经是成年人了，有清晰的自我认知能力，完全有能力不让自己走弯路。这位妈妈对儿子实施行为控制，就是因为分不清自己的主观感觉与事实。所以，她要摆脱对儿子的

建立健康的个人界限可以减轻控制欲

掌控，就要承认自我主观感觉不等于事实。她如果在干涉儿子行为时，能对自己说："如果我放开手，说不定儿子能成长得更好。"慢慢地，她就能让自己退出儿子的私人世界。

其二，在人际交往中要有界限感

在人际关系中，控制者一定要事先划清自己与他人之间的界限。与他人交流或合作时，一定要分清楚：你是你，我是我，我无权干涉你的世界，你的个人意志与行为。当自己控制不住地入侵到别人的世界里时，也一定要及时让自己清楚地知道：这样做是我的问题，而不是你该被我入侵的问题。

其三，关键是要找回早年遗失的安全感

比如，你可以通过与原生家庭和解的方式去安抚和治愈自己，培养自己独立的精神世界。

婚恋中的“寄生心理”：“离开你，我活不下去”

在亲密关系中，会有这样一种状况：离开你，我活不下去。这里的“离开”包括主动与被动离开，“活不下去”指失去这段关系，或没有你在身边，痛苦的程度堪比死掉。在心理学中，这种情况被称为分离焦虑。这种分离焦虑，多发生在情侣或夫妻之间，比如一方提出分手，而另一方则会痛苦万分，感觉自己的精神世界崩溃，人生处于黑暗、迷茫状态，从而产生比死亡还难受的情绪。在这样的状态下，有的人会做出一些极端的行为，比如以轻生或自虐的方式相威胁让对方不离开自己。

张刚与刘青在大学三年级的时候便陷入了热恋，他们俩是在一次聚会上认识的，两人可谓是一见倾心。后来，到毕业时，张刚因为工作的原因，到了北方一座城市工作，而刘青则因为家人的原因留在了南方。刚分开的那两年，张刚每逢假日都会去找刘青，刘青也偶尔会与张刚团聚。但时间一久，刘青感觉疲倦异常，再加上刘青的家人也催促着她赶紧找个本地人结婚。于是，刘青便对张刚提出了分手。

让人底气最足的，不是平等或者尊重，
而是被你偏爱

可张刚却难以接受这个事实，于是辞掉了工作，去找刘青。可刘青已经在父母的安排下准备和当地的一位男性交往。后来，无论张刚如何哀求，刘青都坚持与他保持距离。几个月后，刘青顺利地结了婚。这让张刚异常难过，他觉得自己的人生顿时都灰暗了，于是便有了轻生的想法。那段时间，他不停地给刘青打电话，但对方始终没理他，这便加深了他的绝望。随后，张刚开始不停地给刘青发信息，说若她不肯回头，就死给她看。这可吓坏了刘青，在万般无奈下，刘青便联系了张刚的家人，希望他的家人照顾好他，以免让悲剧发生。可出乎意料的是，张刚的家人也没把这当一回事。

一周后，张刚说他还是无法接受刘青离去的事实，便割腕寻死，后来幸亏被室友及时发现，才将他送到了医院。刘青到医院，看到虚弱异常的张刚，难受极了，不知道该如何是好。

张刚的行为属于典型的“分离焦虑”，他之所以会出现分离焦虑，根据匈牙利心理学家玛格丽特·马勒的理论，可能是因为他的心理年龄还停留在婴儿时期的混沌共生期，或者说他在 6 个月到 3 岁时，正处于个体分离期时没有被好好对待，从而未完成自我个体的分离。所谓的混沌共生，指的是人与人之间，像是缠绕在一起，缺乏清晰的边界，无法区分“你是你，我是我”和“谁的事情，谁来负责”。也意味着，处于混沌共生期的人，个体没能与母体完成分离，所以这样的人缺乏独立的自我意识。比如，那些在失恋后寻死觅活的人，会觉得“离开你，我活不下去”，是因为天天黏在一起的两个人，一旦有一方生出分离的愿望，便意味着这个共生的幻想将会遭到破坏，于是不想分离的另一方，会感受到被抛弃，进而感到自己离死不远一般的绝望。这时，不想分离的一方便想着拼命去抓住这段关系，想在那里找到控制感，进而继续活在混沌共生的幻想里，只是对方未必配合这个游戏。

实际上，健康的恋爱或婚姻关系一定是两个相互独立个体的互相欣赏，是亲密有间的。我们要与爱人保持亲密，是因为我们个体上需要链接感，精神上需要爱。在保持亲密的过程中，当你体验到与对方合二为一时，则会产生巨大的愉悦感。同时，健康的恋爱关系也是需要分离的，在分离中成为自己，进而让自己的生命触角能探索和感知到生命更多未知的精彩领域。那种“我离开你，就活不下去”的人，本质上是在追求婴儿时期没被满足的共生感，他们要求：我中有你，你中也必须得有我，否则，你若要跟我分开，自我的意义便消失了，成长也自然不存在了。

泰国电影《永恒》讲述的是庄园的主人帕博老爷有钱又沉迷

女色，便对美貌而富有智慧的女子玉帕蒂一见钟情，于是帕博对她展开攻势并赢得芳心。而尚孟是帕博的侄子，从小就父母双亡，被叔叔帕博抚养长大。他从缅甸森林大学毕业归来，就开始帮叔叔打理林场。

但是，在日常交往中，尚孟与玉帕蒂两个年轻人（侄子与婶婶），便暗生情愫，终于在某一日他们抑制不住感情，越过了伦理的防线。在帕博发现自己的侄子与自己爱人的暧昧关系后，不是用暴力将两人拆散，而是拿来了一副手铐将两个人铐在一起。对此，两人开怀大笑，仿佛两个人可以永远在一起了。帕博对他们说："既然你们那么相爱，你们想在一起，那就让你们永远在一起。"一开始，他们很幸福地生活在一起，手牵手，在树林中狂奔，蹚过小溪水，像孩子般躺在床上嬉戏。此时此刻，爱情带给他们的是快乐和甜蜜。

对此，帕博则说道："走着瞧吧，不久就能看到真相了。"

一个人的左手铐着另一个人的右手。生活带来的种种不便，开始引发这对年轻恋人的种种矛盾和冲突。誓言中永恒存在的美好爱恋，却因这铁链的牵绊悄悄产生了裂痕。两人开始互相埋怨、互相指责。最终，这个象征爱情永恒的"手铐"最终导致玉帕蒂与尚孟走向了毁灭，结局是如此地令人震撼与惊悚。

尚孟与玉帕蒂的爱情经历告诉我们，永恒的爱情一定是亲密有间的，两人既有亲密的链接，也要保持个体的互相独立，一定是"我是我，你是你，我们在一起"。

一个生命，是逐渐走向更开阔的世界的过程，好的婚恋关系，应该终会导向这个结果。如果在一个长期关系中，你或者对方都活得越来越狭窄，生命视角都越来越狭隘，那就要静下来好好反思一下，你们是否正处于混沌不清的共生关系中。

那么，在现实生活中，处于混沌共生关系中的人，该如何去自我疗愈呢?

第一，要通过自我觉醒认识到你的分离焦虑与无法独立有关。无论是你无法接受失恋现实，还是觉得自己离不开某个人，其实就是心理上不独立造成的。当你意识到这个问题，就有了改变的可能。接下来，你要做的就是让自己的心灵成长，从混沌的状态中走向独立。这期间，无论做什么事情，都要告诉自己：我们每个人都是独立的个体，都有自己的主张，自己的选择，而自己当下能做的就是直面痛苦和焦虑，然后慢慢地让自己成长。

当然，在这个过程中，你也可以尝试“最坏打算法”，即这件事情如果出现最坏的结果，自己是否能承受。比如，你可以在失恋后问自己：自己没恋爱前的几十年不都是一个人生活得好好的吗？他（她）离开了，自己还是过以前的生活，没什么大不了的。

第二，鼓起勇气，让自己直面痛苦是一个人心智成熟的必经之路。直白地说，有“分离焦虑”的人，是心智不够成熟的标志。要想让自己获得成长，一个简单有效的办法就是让自己直面困境，直面分离带来的“痛苦”，并用心去拥抱和接纳这种痛苦，用心去感受它们，让它们成为你生命中的一部分。

露的丈夫是在一场车祸中丧生的，她与丈夫刚结婚不久，两人感情正处于甜蜜期。当她得知这个消息时，悲痛欲绝的她完全没办法让自己平静下来，那个时候，她也觉得自己的生命顿时没有了意义，有点撑不下去了。好在她的身边始终有闺密陪着，不断地被安慰着。

但是近半年来，每当想起死去的丈夫，无论她做什么，想什么，心都是刺痛的。她知道，要让自己摆脱痛苦，唯一的办法就是让自己忙碌起来。她将所有的精力都投入工作中，但是只要她一静下来，甚至只要走路停下来一会儿，那种哀伤就会袭上心来，令她无法招架。后来，露不再逃避，不再没事找事地瞎忙，当丧夫之痛袭来时，她让它涌上心头，看着悲痛一点点地走近自己，然后渐渐地消退，虽然想到仍旧会难过，但却能让她慢慢地平静下来。

最后，她终于战胜了自己，她已经可以不必再抗拒那种情绪，她明白最痛苦的那一刻已经过去了，她想过属于自己的生活。

"我可以再次体会人生的快乐，那些痛苦已不是现在的事了。它只是我人生的一部分，而我人生其他的道路，还可以继续走下去。"这是走出伤痛后，她所说的第一句话，她的坚强让所有的人都肃然起敬。

面对痛苦，越是逃避、抗拒，它对你造成的伤痛越强，而当你勇敢地去面对时，就像露一样，让它尽情地涌上心头，看着悲伤一点点地走近自己，然后渐渐地消退，最终让它成为永久的过去，而自己的心灵也在此过程中获得了锤炼和成长。

第三，不断地提升自我认知，更新自己的内在系统。提升自我认知和不断地更新自我内在系统，是让自己心灵获得成长的有效途径。所以，生活中，你可以通过阅读和思考来不断地更新内在自我认知体系，从而让自己心灵不断地走向成熟。比如，美国作家 M. 斯科特 · 派克在《少有人走的路》中说：“某个人觉得离了谁都活不了，以轻生或者自杀相威胁，那不是爱，而是依赖感。确切地说，那是寄生心理。没有别人就无法生存，意味着你是一个寄生者，而对方是寄主。你们的关系和情感没有自由的成分。他们是因为需要而不是爱，才结合在一起的。真正的爱是自由的选择，而人不一定非要生活在一起，充其量只是选择一起生活罢了。”当你真正地读懂这句话，体会到其中的道理，便会释然许多。

“安全感”缺乏者：内心大都藏着极深的恐惧

“在感情中，我总是会感到不安和焦虑”，是那些缺乏安全感的人的一种典型感受。所谓的安全感是指，对可能出现的对身体或心理的危险或风险的预感，以及个体在应对这些危险时的有力或无力感，主要表现为确定感和可控感。在亲密关系中，内心缺乏安全感的表现有许多，比如在感情中怕受到伤害，所以一直不敢与人亲近；在关键的时候，总是希望能够依靠自己最熟悉或最亲近的人，希望他们能帮自己解决难题，因为对自己缺乏信心；同时，他们内心深处对自己和别人都不够信任，对生活周围的人与事总是抱着怀疑的态度，比如总是对丈夫的晚归或一些行为疑神疑鬼，总是忍不住想去查伴侣的手机，甚至去跟踪他们等。总之，在一段关系中，他们要对伴侣的一切行为处于自己的掌控中才能安心，否则，那种失控后内在的撕裂感，真的让他们异常痛苦。

不安的实质是恐惧

实际上，没有安全感的实质是“恐惧”，我们所说的缺乏安全感，其实就是指我们的内心掩藏着极深的恐惧。因为这些恐惧，我们的内心受到了严重的限制，我们活在对这些恐惧的奴役中，对外构建了我们受限的外部生活。这些恐惧究竟从何而来，实际上可以从我们早年与父母的相处中寻找到答案。

张敏是大学时期公认的校花，身材高挑，肤白貌美，而且成绩优异，家境也很不错。当时学校有很多男生将她奉为“女神”，还有不少直接对她展开过猛烈的追求。四年时间，她的两个恋爱对象都极为优秀。毕业后，围绕在她周围的也都是不错的男性，有年纪轻轻便创业的，也有外企的高管等，他们爱好广泛、眼界高远，有格局也极有趣，但张敏嫁的人却是一位普通男性，尤其是与当初追她的那些人相比，无论是长相、身高、学历、工作，还是家庭状况，都极其普通，甚至为人有些木讷无趣。

直到大家在一次聚会上与张敏聊天的时候，才明白了其中一些缘由。张敏说，她的父亲就是一个非常优秀的男人，有钱，有趣，还长得帅，懂浪漫，是能让众多女人一见倾心的那种人。他自小对张敏很好，但却对妻子不怎么负责任。这些年来，在外面找的女人两只手都数不过来，而张敏却深知这些事实，但自己的母亲却不知情。她为了保持家庭的完整性始终忍受着。从小到大，张敏曾无数次地看到母亲偷偷地流眼泪、哭泣的情景。这就使得张敏自小就对那些太过出众的男性有一种抵触心理，总觉得会在他们的身上看到父亲的影子，反而是她先生这样的男人，更加让她觉得安心。在张敏看来，他虽然平凡普通，没有任何花哨的技巧，只知道以最朴实的方式爱她。同时，他不张扬，不浮夸，但是却很温暖，很真诚。两人结婚后不到半年，张敏的感情便出现了“危机”。她向朋友倾诉道：之前从不喝酒的老公最近爱上了喝红酒，隔三岔五就会和几个好友晚饭后喝点红酒，但是也喝得不多。有好几次，张敏打电话过去，老公可能因为没听到手机铃声，她便一改温和懂事的样子，大发脾气。待老公回到家后，她便像“泼妇”一般，对老公三令五申地说，以后无论在怎样的情况下都要立即接她的电话，不然就不许出去喝酒吃饭了。

对于张敏的反应，老公不理解，觉得她反应太过激烈，完全是在小题大做。其实，张敏对老公的人品还是极为相信的，她也不是觉得他在外面会拈花惹草，苦恼的是他到底在外面瞒着自己做什么而不接电话。她对朋友倾诉道：“你知道吗？每次只要电话响三声找不到他，我就会陷入一种恐慌……我十分担心他会出什么事，酒喝多了会不会出什么意外啊！比如遇到车祸，或者被人打劫什么的。”那段时间，她还曾联想到老公出了意外，再也不能回来。她自嘲道：“你说我是不是很可笑，可我总是陷入这种感觉中无法自控。”

从张敏挑选对象到她在婚后的一系列表现来看，她是一个极度缺乏安全感的人。她尽管各方面都很优秀，完全可以选择一个更优秀的男性，可她却找了一个各方面都一般的男人。对于她而言，她走入婚姻，完全是为了获得安全感，而不是作为一个独立的个体与另一个体一起去探寻生命的意义。

在步入婚姻后，她则又会因为丈夫偶尔的不接电话而烦躁、抓狂，陷入焦虑中无法自拔。当然，出现这种状况与其童年时期父亲的一些行为有关，在童年期间，尤其是3岁之前对爱的渴望没被满足有关。心理学家武志红曾说过，在家庭中，我们喜欢说，一切都是为了孩子，但实际上，我们是最容易忽略孩子的。中国父母容易认为，孩子3岁前怎么对待都可以，反正记不住。但其实，孩子越小，越需要呵护和照顾，特别是前6个月，如果婴儿严重缺乏爱，那会导致最严重的心理问题，其中一点就是安全感的缺失。而恋爱，是对童年早期经验的修正。童年早期的创伤和渴望，在恋爱中都会呈现出来。婴儿时期没有获得妈妈的好好照顾，会导致在恋爱中，大家都会在找像妈妈那样无微不至的照顾，并且越是匮乏，这种寻找的欲望也就越强烈，因此这种情感匮乏的女性，即便在感觉上更容易被更具男子汉气质的男性吸引，但真到了要抉择的时候，还是会选择情感细腻能给予她悉心照顾的男性，尽管他老实、本分、没有什么出众的能力，但他那擅长照顾人的特质总能深深地吸引她。所以，张敏对安全感的缺失，很可能是因为她在3岁之前没被好好地对待。因为按照正常的心理发育，如果张敏在原生家庭中获得了足够多的爱，那么到了大学毕业的年龄，会去寻找一个相对独立，并具有开拓性、大格局、大视野的雄性十足的男人。但这样的男性本身充满了各种不确定性，最终都遭到她的拒绝，因为她只是生理年龄成熟了，而心理年龄还是一个小婴儿，内心渴望获得安定、稳定和确定的关系，这可以安抚她那颗惶恐不安的心灵。

另外，弗洛伊德说过，当个体所接到的刺激超过了本身控制和释放能量的界限时，个体就会产生一种创伤感、危险感，伴随这种创伤感、危险感出现的体验就是焦虑。张敏在给老公打电话时对方未接，这件事触及了她童年时期的某处创伤，进而让她陷入极大的恐慌中。那么，在现实生活中，像张敏这种内心安全感匮乏的人该去如何安抚和治愈自己呢？

1. 要安抚和治愈自己，先要与原生家庭和解

安全感的匮乏源自婴幼儿时期，妈妈没能随时回应你，属于童年创伤。但也切勿迁怒于妈妈，那可能不是妈妈故意而为之，当时妈妈可能没有这个能力、意识或时间去全身心地照顾你。同时，当安全感缺失时也不要迁怒于你

通过别人得到的安全感，即使勉强获得，内心却无法得到满足，并且害怕失去而越发不安

的伴侣，我们的伴侣并不是你的妈妈，而且你已经长大了，再不是那个可以随时需要有人关注和照顾的婴儿了，我们不能把妈妈的失误移情到伴侣身上。

生活中，我们对“关系”的渴望和依赖，皆源自安全感的匮乏。从实质上讲，依赖是我们敢于把自己的一部分，可能是我们的柔软脆弱，自己不能接纳的部分，甚至是生命，都敢于交给另外一个人来保护，替我们管理，所以你所依赖的对象又可以叫作安全基地。反过来说，我们将自己内心深处的东西交给你，你却突然消失，一旦有一次交付失败，便会引发你内心深处深深的恐惧感。这个时候，你要告诉自己：“我不能把自己交给你了，你太不可靠了。我要把自己收回到自己手中，因为自己才是最可靠的那个人。”如此经常来安抚自己，慢慢地自己就会转化为你内在认知的一部分，慢慢地让内在不安的心灵得以安抚。

2. 培养独立的精神世界

安全感的匮乏者，通常会在某物或某人身上找精神依赖或依附。这种感觉实质上是心智的不成熟，我还是个宝宝，不能独立，我必须依托你，让你来满足我、供养我和保护我。所以，缺乏安全感实际上就是个人精神世界的不够独立。了解了这些，我们就必须学着去培养自己独立的精神世界。比如，你可以通过坚持阅读来丰富自己，通过旅行或约好友一起去找寻独属于自己的世界，拓宽自己的眼界和心胸，慢慢地让自己独立起来，让心灵成长和独立起来。

另外，生活中，有些人会对工作或钱财产生依赖感，那是因为对自身价值的不确定或觉得自己创造不出来这些东西，所以就特别希望另外一个客体能够来满足自己。这也是缺乏安全感的体现，这个时候，我们就要通过有效的努力，提升自我价值感，增强自信心，以摆脱对他人的索取。

总之，要寻找到“安全感”，实际上就是要我们最大限度地减少内心的恐惧心理。你要找出你恐惧的根源是什么，然后用正能量一点点地消除它或驱散它。当你内心正能量满满的时候，做起事来就比较自由，比较大胆，不会担心这个，害怕那个。即便是做错了，也能够放自己一马，然后原谅自己，而原谅的背后是“他不怕自己是不好的”。所以，什么是安全感？安全感就是接纳自己不好的一面。

“爱情的美酒”为何没有了味道

张馨与男友在一起已经3年多了，两人经过惊心动魄、牵肠挂肚的热恋之后，有段时间，张馨感到有些精神疲劳，心理上产生一种茫然感和失落感。她很想回到热恋的状态，那种甜蜜和充满激情的爱恋，令她终生难忘。但是，每当与男友亲近时，总觉得很失落，觉得男友没有当初那么可爱了，而同时男友也对自己淡淡的，再也体会不到当初那种被呵护和被宠爱的感觉，觉得爱情的美酒突然没有了任何味道。

张馨的状态便是典型的恋爱中的“高原心理”反应，这种现象是指当男女双方的关系确定下来，成为恋人之后，相处一段时间后，恋爱的美好感觉消退，仿佛进入高原之后，空气就自然稀少了一样。在恋爱中，出现“高原心理”反应，会导致恋爱中的男女做出错误的判断，如果不能正确地看待它，就有可能使本来美满的恋爱宣告失败。

实际上，这是一种正常的心理反应。著名的社会心理学家戴维·迈尔斯说："尽管激情可以热火朝天，但是最终还是会平静下来。一段关系维持的时间越长，它所引发的情绪波动就越少。浪漫爱情的高潮可能会持续几个月甚至一两年，但从来没有一种高峰期可以永久地维持下来……与激情之爱中狂热的感情不同，伴侣之爱相对平和。它是一种深沉的情感依恋，就如同真实生活一样。"任何恋爱，都不可能永远激情四射，终要回归平静，而平和才是恋爱的常态。

在爱情中，为什么会出现"高原心理"反应呢？

戴维·迈尔斯从进化心理学的角度给予了解释："实际上，互相迷恋的强烈感情的衰减似乎是物种生存的自然适应策略。激情之爱的结果往往使一对夫妇得到一个孩子，而孩子的父母不能再只关注彼此。然而，对于那些婚龄超过二十年的夫妇，随着孩子长大成人，开始离开家庭独立生活，家庭中出现'空巢'的情况，一些曾经失去的浪漫感觉又重新出现了，父母可以重新关注彼此。"

另外，从现实的角度分析，"高原心理"反应的产生，还可能与以下几点原因相关。

1. 热恋使两人的"自我"活动空间变小

在热恋之前，男女双方活动的空间比较大，双方都可以根据自身的兴趣进行自由的活动，使人感到无拘无束，轻松愉快。而热恋之后，双方便会天天厮守在一起，使原来的空间相对缩小，活动方式相对改变。这种改变使人的心理失去平衡，产生不适感，感到压抑沉重。这个时候，人们就会把这种不愉快的情绪向外进行投射，以缓解自我的心理压力。而恋爱时期的双方都是非常敏感的，彼此只要一点点的变化都能够感受到，甚至会产生放大效应，这样便会冲淡恋人之间的感情，削弱双方的亲和力，“高原心理”反应便在不知不觉间产生了。

另外，男女双方在恋爱之前，双方社交范围很广，精神生活很丰富，而恋爱之后，出于对对方的“忠贞”，或者在“爱情专一”“爱情是自私的”等观念的制约下减少了交往对象，缩小了交往范围。这就使他们的精神生活相对贫乏、空虚，恋人之间易产生一种厌倦情绪。

2. 美好期望的破灭

男女双方在恋爱中，对彼此的期望值是很高的，他们总是幻想着爱情能让他们摆脱痛苦、孤独，是获得快乐和幸福的灵丹妙药。但是热恋过后，却发现爱情不如他们想象的那般美妙，甚至还有的会因为恋爱中的诸多矛盾而生出诸多烦恼。再者，恋爱中的男女，其心理承受能力都相对较差，稍有不愉快就会倍感难受。这也是恋爱“高原心理”反应产生的又一原因。

此外，男人和女人爱情观上的差异，也是造成恋爱“高原心理”反应的主要原因。一般而言，女人把追求看成爱情，注重的是恋爱过程中的浪漫，而男人却以为不必再追求的才是爱。男人对待感情可分为两个阶段，在追求的过程中，男人不乏柔情蜜意，对所爱的人爱护备至，对小节也十分注意，一旦发现对方已经爱上自己，男人便会将对爱情的渴求转变为相互的信任。

当然，要预防恋爱“高原心理”反应，也不是没有办法，那